I edizione: giugno 2014

Ultra è un marchio di Lit Edizioni
Sede operativa: Via Isonzo 34, 00198 Roma
Tel. 06.8412007 - fax 06.85865742
info@litedizioni.it

Tutte le foto presenti in questo volume sono di Neilyn Valero

Sara
Bigatti

La Scimmia Yoga

TI SPIEGA COME ESSERE FELICE
E IN FORMA CON LO YOGA

ultra

Lokha Samasta Sukhino Bhavantu
(Che tutti i mondi siano felici)

{avvertenze}

La pratica degli Asana è adatta a tutti, senza limiti di età e di sesso, ma è necessario rispettare anzitutto i bisogni del corpo.
Nel caso di problemi fisici specifici è consigliabile rivolgersi a un medico prima di iniziare.

Pratica durante i giorni del ciclo mestruale
Ci sono varie scuole di pensiero riguardo alla pratica e alle limitazioni che si dovrebbero rispettare durante i giorni del ciclo. Molti maestri suggeriscono di evitare in quei giorni le posizioni invertite, cioè quelle dove il bacino viene a trovarsi più in alto della testa, altri, più integralisti, invitano a non praticare gli asana per tutto il periodo.
Con tutto il rispetto per i grandi maestri, in questo caso specifico io preferisco fare riferimento alla mia esperienza personale di donna e a quella di altre Yogini e Maestre.
Ognuna di noi vive il ciclo in modo diverso, io ad esempio, a eccezione del primo giorno, sento il mio corpo molto forte e attivo, e quindi pratico senza restrizioni.
Il mio consiglio è quindi di ascoltare il vostro corpo e praticare a seconda della vostra energia. Se avete bisogno di riposo durante il ciclo, non forzatevi a praticare a ogni costo e, se al contrario, sentite di aver bisogno di fare Yoga, praticate e liberate tutta la vostra energia.

Pratica durante la gravidanza
Mantenere il corpo attivo con la pratica degli Asana anche durante la gravidanza è un ottimo modo per prepararsi al parto. È molto importante però modificare la propria pratica e adattarla ai cambiamenti in atto nel corpo. Le posizioni e le sequenze illustrate in questo libro NON sono pensate per essere eseguite durante i mesi di gravidanza.

Introduzione

Lo Yoga è un ampio oceano di conoscenza e cultura con mille forme ed espressioni. Ogni insegnante e ogni studente contribuisce con la sua pratica e il suo studio a renderlo sempre più vivace e interessante. Questo manuale vuole essere il mio piccolo contributo: un modo per restituire e condividere tutto ciò che di meraviglioso mi ha dato la pratica.

La storia dello Yoga è lunga millenni ed è stata fatta da grandi maestri, tramandata da testi sacri e diffusa in ogni parte del mondo. Oggi lo Yoga è un linguaggio che appassiona e unisce tutti coloro che sono alla ricerca di uno stile di vita più "umano" e naturale.

Molti ritengono che l'immensa popolarità dello Yoga sia un fenomeno che, come ogni moda, prima o poi scomparirà. Non posso prevedere quale sarà l'evoluzione futura dello Yoga, ma è ovvio che come tutte le manifestazioni umane, seguirà un suo percorso.

Yoga, in sanscrito, significa 'unione' e la pratica può essere un modo per raggiungere l'unione tra il corpo e la mente, donando a uno maggiore tonicità e flessibilità e all'altra lucidità e calma. Se lo Yoga è così amato e praticato oggi, è perché, ora più che mai, desideriamo raggiungere un luogo di sicurezza e felicità, un luogo di unione e pace.

Mi piace paragonare lo Yoga a un percorso ricco di possibilità, una via che possiamo percorrere come vogliamo, decidendo se soffermarci solo su alcuni dettagli o camminare spediti avanti. Sta a noi scegliere, perché lo Yoga è un cammino assolutamente personale.

La via dello Yoga è piena di intersezioni e passaggi, uno è quello delle posizioni – *Asana* in sanscrito – che per la maggior parte di noi costituiscono il primo contatto con il mondo dello Yoga.
Insegnando, ho conosciuto persone che iniziavano a praticare con le motivazioni più disparate. Chi cercava se stesso, chi aveva mal di schiena, chi voleva dimagrire, chi era semplicemente curioso e chi era "venuto solo ad accompagnare un'amica"! Alcuni hanno continuato a venire a lezione, altri hanno lasciato e altri ancora, incuriositi dagli Asana, hanno deciso di approfondire la pratica e lo studio anche al di fuori del tappetino.
Scrivo questo per dirvi che a mio parere, il motivo per cui si inizia non conta e va bene sia praticare "solo" gli asana sia proseguire con altri studi. La cosa veramente importante è sentire che ciò che state facendo vi dà forza, armonia e, più di ogni altra cosa, felicità!

I principali benefici della pratica Yoga sono:

- migliore flessibilità muscolare;
- maggiore possibilità di movimento delle articolazioni;
- migliore la circolazione sanguigna;
- tonicità e rafforzamento dei muscoli;
- migliore postura;
- controllo del peso corporeo;
- miglioramento del sistema cardio-respiratorio;
- maggiore capacità di concentrazione;
- riduzione dello stress;
- maggiore forza di volontà e fiducia in se stessi;

e, last but not least:

- una smisurata dose di felicità!

Come usare questo libro

Le posizioni dello Yoga vengono tramandate da secoli e oggi è possibile praticarle seguendo differenti stili e scuole. Lo stile che insegno si chiama Vinyasa e prende le sue origini dagli insegnamenti del maestro Sri T. Krishnamacharya, spesso considerato il padre dello Yoga moderno.
La principale caratteristica di questo stile è la coordinazione tra respiro ed esecuzione fluida delle posizioni: questa dinamicità lo rende molto fisico e comporta, quindi, un certo dispendio di energie.

Le lezioni di Yoga Vinyasa si sviluppano seguendo una curva energetica ascendente e poi discendente: si inizia con un accurato riscaldamento, poi si passa alle posizioni più profonde, infine il ritmo rallenta fino al rilassamento finale.
A differenza di altri stili, il Vinyasa non prevede una sequenza fissa di posizioni: la pratica cambia di volta in volta e dunque anche il tipo di esercizio e l'intensità della lezione variano.

> "Lo Yoga è il processo di sostituzione delle vecchie abitudini con altre nuove e più appropriate".
> SRI T. KRISHNAMACHARYA

Il libro segue lo schema classico di una lezione di Vinyasa Yoga, la prima parte è dedicata al riscaldamento (prima a terra, poi i Saluti al Sole) e la seconda una serie di sequenze, suddivise per argomento e livello.

Una lezione di Vinyasa solitamente dura circa 75 minuti, ma qui ho voluto suddividere le sequenze in modo che sia possibile creare anche lezioni più brevi, più facili da inserire tra gli impegni quotidiani.

Se volete praticare usando questo libro, la cosa migliore sarebbe seguire uno schema come quello che segue:

- Riscaldamento a terra;
- Saluti al Sole A e B (dalle 3 alle 5 ripetizioni per ogni saluto);
- Sequenze a scelta (solitamente in una classe se ne eseguono almeno 3, ma potete variare a seconda del tempo a vostra disposizione. Ricordatevi però di terminare sempre con una sequenza di rilassamento).

Importanza del riscaldamento

Nella pratica dello Yoga, come in qualsiasi altra attività fisica, è necessario dedicare la massima attenzione alla salute del corpo: dobbiamo cercare di mettere da parte fretta, spirito di competizione e vanità per ascoltare ciò che realmente il nostro corpo ci chiede.
Per esempio, è fondamentale capire che, anche se vi sentite molto flessibili, i vostri muscoli hanno comunque bisogno di prepararsi gradualmente all'esecuzione delle posizioni più profonde.
Fare degli esercizi di riscaldamento può sembrare una perdita di tempo, ma è una preparazione indispensabile per mantenere in salute i muscoli ed evitare strappi o lacerazioni.
All'inizio di una lezione infatti passiamo da una fase statica di inattività a una di attività, nella quale i muscoli vengo messi sotto sforzo: per aumentarne la flessibilità e la resistenza alle sollecitazioni è necessario quindi dedicare sempre alcuni minuti all'aumento della temperatura corporea e dell'afflusso di sangue ai muscoli.

Gli esercizi a terra, proposti nella sequenza di riscaldamento, sono perfetti per risvegliare dolcemente il corpo, mentre i Saluti al Sole, più dinamici, sono particolarmente utili per aumentare la temperatura corporea e attivare la circolazione.

Le singole sequenze

In questo libro vengono proposte più di 20 sequenze diverse, che ho suddiviso in quattro sezioni:

- *Energia* (posizioni che richiedono un maggior dispendio energetico, rivolte soprattutto a tonificare i muscoli);
- *Stretching e Flessibilità* (posizioni rivolte a migliorare la flessibilità e la postura);
- *Equilibrio* (sequenze pensate per migliorare la capacità di concentrazione);
- *Relax* (posizioni per concludere la pratica o per rilassarsi in qualsiasi momento del giorno).

Otre a questo per ogni sequenza ho specificato il "focus", ovvero lo scopo principale delle posizioni che la compongono; questo per rendere più chiara e facile la scelta tra le varie sequenze presentate.

Le sequenze sono anche suddivise per livelli (*facile*, *medio*, *avanzato*). A chi si avvicina per la prima volta allo Yoga consiglio ovviamente di iniziare con le sequenze del primo livello, per prendere confidenza con le posizioni e migliorare la propria preparazione. Non siate però timidi nel provare anche le altre sequenze. All'inizio scoprirete che alcune posizioni sono ancora troppo complesse, ma è importante cominciare a studiarle e a comprenderle... con il tempo e con la pratica diventeranno tutte accessibili.

Ogni sequenza è introdotta da una galleria fotografica, che riassume le posizioni. Ovviamente si tratta di una semplificazione – nel testo troverete foto più descrittive – ma può essere utile per visualizzare immediatamente tutta la sequenza e memorizzarla più facilmente.

> "Lo Yoga è il percorso attraverso il quale l'impossibile diventa possibile e il possibile poco per volta diventa facile"
> SRI T. KRISHNAMACHARYA

Lezioni complete

Nella parte finale del libro, propongo una serie di lezioni complete, ideate secondo una combinazione di sequenze. Anche le lezioni hanno vari livelli di difficoltà e un "focus" specifico. Tenete conto che sono solo dei suggerimenti e sentitevi liberi di scegliere come praticare in base alle vostre necessità e al tempo a disposizione.

Cosa fare sempre

Nella pratica dello Yoga non dovreste mai dimenticare di:

{respirare!!}

Sì lo so, sembra banale da sottolineare, ma a volte sono proprio le cose più semplici che ci sfuggono.
Nello Yoga la respirazione è il ritmo della pratica, ogni movimento deve essere coordinato con un'inspirazione o un'espirazione. Questa coordinazione agisce su moltissimi aspetti della pratica: ci aiuta, ad esempio, a mantenere la concentrazione su ciò che stiamo facendo, focalizzando e calmando così anche la mente.
All'inizio non sarà facile riuscire a coordinare respiro e movimento, ma con il tempo. attraverso la respirazione, riuscirete a immergervi profondamente nello Yoga.
Durante la pratica delle posizioni, a meno che non sia specificato diversamente, dovete sempre respirare attraverso il naso. Così facendo, riuscirete a controllare meglio il respiro ed evitare l'affanno.

{avere cura del vostro corpo}

Lo Yoga non è una competizione né con gli altri, né con se stessi. Ogni corpo ha una storia e caratteristiche specifiche, quindi "fare gare" e confronti non ha alcun senso e, per di più, ci pone in uno stato di tensione, che allontana la calma dalla nostra mente.

Ciò che desideriamo, invece, è acquisire maggiore consapevolezza del nostro corpo, adattando la pratica alle nostre necessità, godendo di ogni progresso, piccolo o grande che sia.
Non comparate quindi la vostra pratica a quella di qualcun altro, facendo l'errore di forzare il vostro corpo in posizioni che non sono ancora alla vostra portata.
Ovviamente c'è una grande differenza tra il desiderio di migliorare e il voler riuscire a tutti i costi, dovete solamente avere un po' di pazienza, senza essere pigri. Non esagerate nella vostra pratica quotidiana e non ignorate i messaggi del vostro corpo, se avete bisogno di riposo, fermatevi!

{praticare con costanza}

Lo Yoga può darvi moltissimi benefici, sia a livello fisico che mentale, ma non è un oggetto che si acquista e si possiede, è un percorso che va seguito nel tempo, con costanza e molta pazienza, prima di poterne vedere i risultati.

> "Tutti possono fare Yoga con successo, tranne i pigri".
> HATHA YOGA PRADIPIKA

Cercate quindi di introdurre lo Yoga nella vostra routine quotidiana, ritagliandovi magari tutti i giorni la stessa ora da dedicare alla pratica.
L'ideale sarebbe praticare tutti i giorni, ma se ciò non fosse possibile, cercate di dedicare allo Yoga almeno tre giorni la settimana.
Il riposo è importante tanto quanto la pratica! Quindi non fatevi mancare mai almeno un giorno di pausa, affinché il corpo possa recuperare a pieno.

Riscaldamento
{a terra}

Prima di ogni pratica Yoga è bene preparare i muscoli, riscaldandoli, e iniziare con delle posizioni leggere, che ci diano la possibilità di risvegliare dolcemente il corpo.
Questa sequenza quindi è consigliata per tutti i giorni, poiché include i movimenti principali della schiena oltre alla preparazione per gambe e braccia (fig. 1).

fig. 1

Iniziamo sedendoci a terra e incrociando le gambe. Se le ginocchia rimangono troppo sollevate e ci impediscono di stare comodi, possiamo sederci su di un blocco yoga o su di una coperta piegata. In questo modo solleveremo il bacino, dando maggior mobilità alle gambe.
Portiamo le mani a terra al lato dei fianchi.
Inspirando, solleviamo le braccia e guardiamo verso l'alto e con l'espirazione riportiamo le braccia a terra, aprendole lateralmente. Ripetiamo questo movimento per cinque volte (fig. 2).

fig. 2

Importante: nel sollevare le braccia, non alzare anche le spalle, ma rilassale in basso, e distendi il collo.

Al termine delle cinque respirazioni abbassiamo la mano sinistra a terra e solleviamo il braccio destro inspirando. Con l'espirazione, ci incliniamo lateralmente verso sinistra e rimaniamo per altre cinque respirazioni in questa posizione (fig. 3).

fig. 3

Modifica: Nell'inclinarti lateralmente, mantieni comunque il bacino a terra. Per fare questo puoi appoggiare solo la mano a terra, oppure piegare il gomito o infine portare tutto l'avambraccio a terra. Ogni posizione è corretta, l'importante è non sbilanciarsi lateralmente.

Inspirando torniamo al centro e ripetiamo la stessa posizione dal lato sinistro.
Ritornando al centro ci prepariamo per fare una torsione con il busto, essendo la prima della nostra pratica quotidiana non forziamo esageratamente il movimento (fig. 4).

fig. 4

Portiamo la mano destra sul ginocchio sinistro e la mano sinistra a terra dietro la schiena. Inspirando distendiamo la schiena verso l'alto ed espirando contraiamo i muscoli addominali e facciamo una torsione, girandoci verso sinistra e portando lo sguardo oltre la spalla sinistra. Manteniamo la posizione continuando con cinque respirazioni profonde.

Importante: Mantieni sempre dritta la colonna vertebrale durante le torsioni, non inarcare la schiena e non lasciar cadere indietro il bacino.

Con un'espirazione ritorniamo al centro. Portiamo ora la mano sinistra sul ginocchio destro e la mano destra dietro la schiena e ripetiamo la torsione, girando dal lato destro.
Con un'inspirazione torniamo al centro, portiamo le mani a terra davanti alle gambe e rotolando sulle ginocchia ci portiamo nella posizione dei quattro punti (fig. 5).

fig. 5

Mettiamo le mani a terra distanziate alla larghezza delle spalle, con le dita ben aperte. Le ginocchia sono aperte alla distanza dei fianchi e il collo dei piedi è sul tappeto.
Inspirando, guardiamo verso l'alto, facciamo forza sulle mani e apriamo il petto. Espirando, rivolgiamo il nostro sguardo all'ombelico e inarchiamo la schiena, partendo dalla rotazione del bacino.
Ripetiamo questo movimento per cinque volte con respirazioni profonde.
Al termine delle respirazioni, ritorniamo a quattro punti con la schiena dritta. Qui solleviamo la gamba destra parallela al tappeto e flettiamo il piede, rivolgendo le dita verso il basso. Manteniamo lo sguardo al tappeto tra le nostre mani per avere l'equilibrio necessario a sollevare anche il braccio sinistro, allungandolo davanti a noi. Rimaniamo qui per cinque respirazioni profonde.
Abbassiamo poi la mano a terra e anche il piede, mantenendo però la gamba tesa. Facendo forza con le mani, spingiamo dolcemente indietro per attivare i muscoli del polpaccio destro (fig. 6).

fig. 6

Dopo cinque respirazioni torniamo alla posizione dei quattro punti e ripetiamo le ultime due posizioni dall'altro lato.
Puntiamo poi le dita dei piedi a terra ed espirando ci sediamo sui talloni, allontanando le mani e allungando le braccia. Cerchiamo di avvicinare la fronte al tappeto e stendiamo il più possibile la schiena. Rimaniamo per alcune respirazioni in questa posizione (fig. 7).

Avviciniamo poi poco per volta le mani alle ginocchia fino a essere in grado di sollevare il busto. Ci portiamo sulla punta dei piedi, con le cosce parallele alla terra. Le mani vanno prima sulle gambe, mentre fissiamo lo sguardo in un punto per trovare l'equilibrio. Portiamo poi le mani unite di fronte al petto nella mudra della preghiera – Anjali Mudra – e quando siamo stabili sulle gambe, solleviamo le braccia

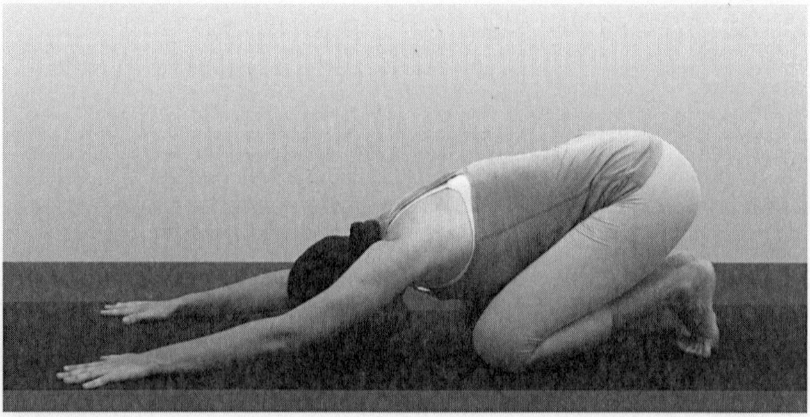

fig. 7

verso l'alto. Ci manteniamo in questa posizione per cinque respirazioni (fig. 8).

fig. 8

Inspiriamo profondamente e con l'espirazione stendiamo le gambe e ci incliniamo in avanti, portando le mani a terra. Lasciamo cadere anche la testa, in modo da allungare tutta la schiena. Rimaniamo qui per alcune respirazioni, lasciando che i muscoli delle gambe e della schiena si allunghino.

Modifica: Se le mani non toccano terra, piega le ginocchia quanto è necessario.

Inspirando portiamo le mani sulle gambe, sotto le ginocchia, stendiamo la schiena e guardiamo a terra davanti noi. Espirando riportiamo le mani a terra e ripetiamo per cinque respirazioni questo movimento (fig. 9).

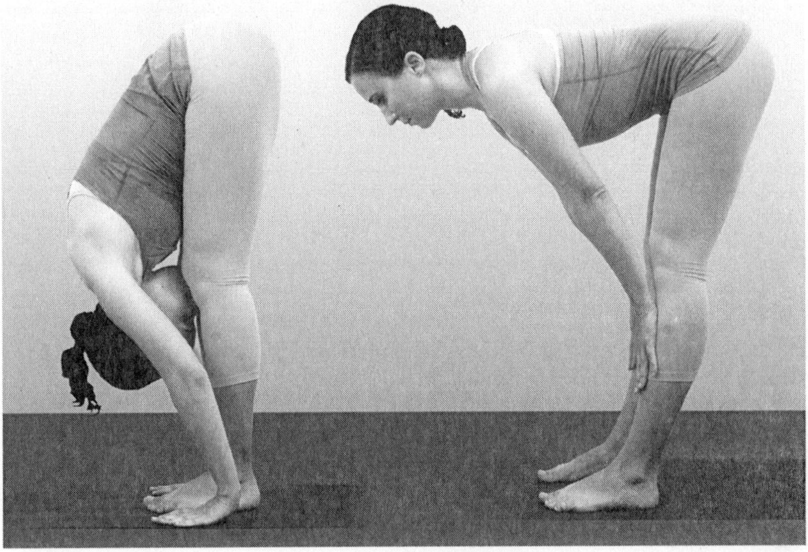

fig. 9

Alla sesta inspirazione ci solleviamo completamente, portandoci in piedi. Per evitare che ci giri la testa, salendo manteniamo il mento al petto (fig. 10).

Radichiamo bene i piedi a terra, sollevando e aprendo le dita dei piedi e poi riportandole a terra.
La schiena è dritta e il coccige leggermente ruotato in avanti. Qui, inspirando, solleviamo le braccia verso l'alto, unendo le mani e guardando verso l'alto. Con l'espirazione riportiamo la braccia lungo il corpo, tornando nella posizione della Montagna – Tadasana.

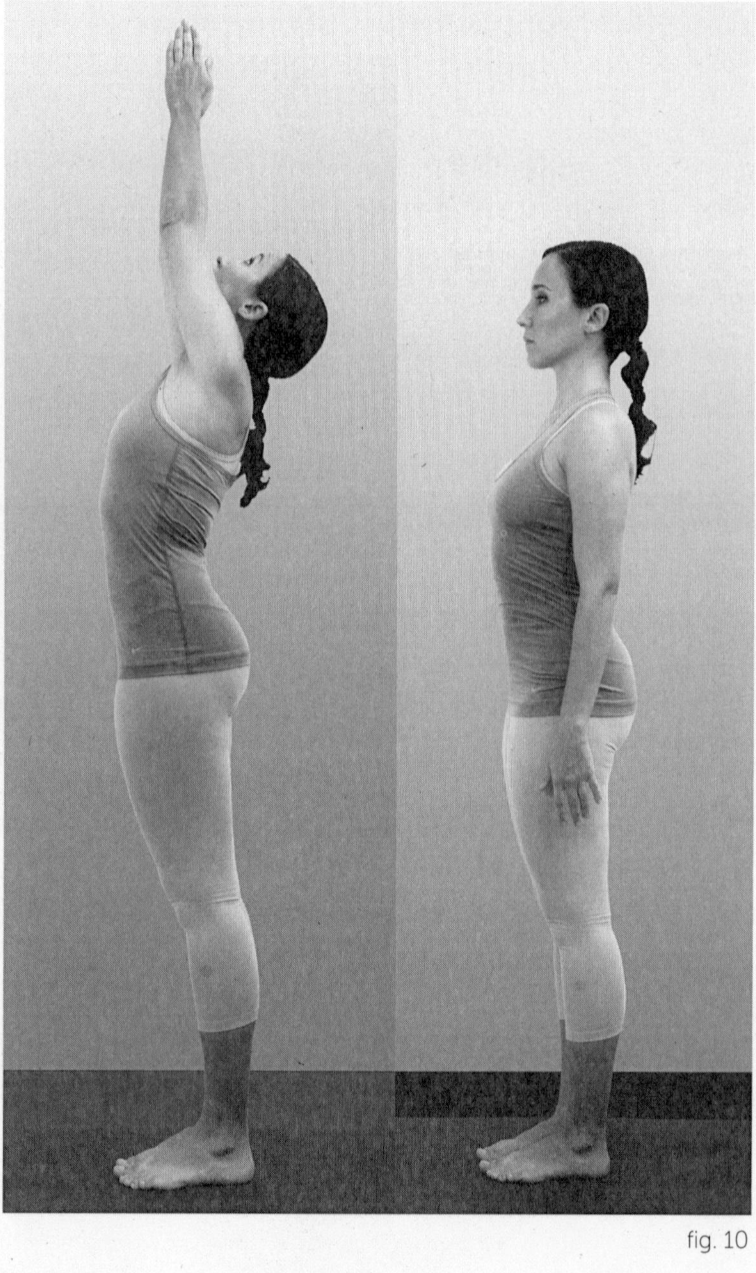

fig. 10

Concludiamo la sequenza di riscaldamento, ripetendo per cinque respirazioni questo movimento.

Saluti al sole
{Surya Namaskara A e B}

I Saluti al Sole sono due sequenze di posizioni, che vengono eseguite in modo dinamico una di seguito all'altra. I movimenti che si compiono permettono un esercizio completo e armonico per tutto il corpo. Possono quindi essere presi come pratica a se stante o inseriti all'inizio di una pratica più lunga come riscaldamento.

Come in tutta la pratica delle posizioni, anche per i Saluti al Sole è importante ricordarsi che il ritmo dei movimenti è sempre dettato dal ritmo della respirazione. Questo ci aiuta a evitare l'affanno e a eseguire tutte le posizioni con consapevolezza.

Il primo Saluto al Sole verrà presentato in due versioni. La prima è dedicata a chi ha appena intrapreso la pratica dello Yoga, quindi alcune posizioni sono modificate e rese più accessibili, la seconda invece è la versione classica.

Oltre a essere usato come inizio della pratica, il primo Saluto al Sole, chiamato anche Vinyasa, viene usato spesso per spostarsi dalla posizione in piedi della Montagna – Tadasana – alla posizione del Cane a faccia in giù – Adho Mukha Svanasana – quindi lo ritroverete anche più avanti in alcune sequenze.

Surya Namaskara A, prima versione (fig. 1)

fig. 1

Iniziamo in piedi nella posizione della Montagna – Tadasana. I piedi sono uniti e ben radicati a terra, le gambe attive e la schiena lunga.
Inspirazione: Solleviamo entrambe le braccia e quando le mani si toccano i polmoni sono pieni d'aria. Guardiamo in alto verso le mani.
Espirazione: Ci incliniamo in avanti, ruotando il bacino, e portiamo le mani a terra, se è necessario piegando un poco le ginocchia. Distendiamo la schiena e allunghiamo il collo.
Inspirazione: Portiamo le mani sulle gambe al di sotto delle ginocchia. Distendiamo le braccia e la schiena e guardiamo a terra davanti a noi.
Espirazione: Abbassiamo il torso e, facendo un passo indietro prima con un piede e poi con l'altro, ci portiamo nella posizione della Tavola. Abbassiamo le ginocchia a terra e poi il petto e il mento.
Inspirazione: Allunghiamo le gambe scivolando in avanti e ci sdraiamo completamente a terra (fig. 2).
Espirazione: Sistemiamo le mani sotto le spalle e avviciniamo i gomiti al busto.
Inspirazione: Ruotiamo le spalle indietro e solleviamo prima il busto e poi la testa nella posizione del Cobra – Bhujangasana (fig. 3).
Espirazione: Facendo forza sulle mani, solleviamo il bacino e poi le ginocchia, portandoci nella posizione del Cane a faccia in giù – Adho Mukha Svanasana. Guardiamo verso l'ombelico. Cerchiamo di avvicinare i talloni a terra.
Rimaniamo per cinque respirazioni in questa posizione (fig. 4).
Inspirazione: Solleviamo i talloni e guardiamo tra le mani.
Espirazione: Con piccoli passi o con un unico grande passo, portiamo i piedi tra le mani.
Inspirazione: Portiamo le mani sulle gambe al di sotto delle ginocchia.

fig. 2

Stendiamo le braccia e la schiena e guardiamo a terra davanti a noi.
Espirazione: Ci pieghiamo in avanti, riportando le mani a terra.
Inspirazione: Solleviamo il busto ed entrambe le braccia, riportando le mani unite sopra la nostra testa. Guardiamo verso le mani.
Espirazione: Abbassiamo le braccia lungo il corpo e ci ritroviamo nuovamente nella posizione della Montagna.

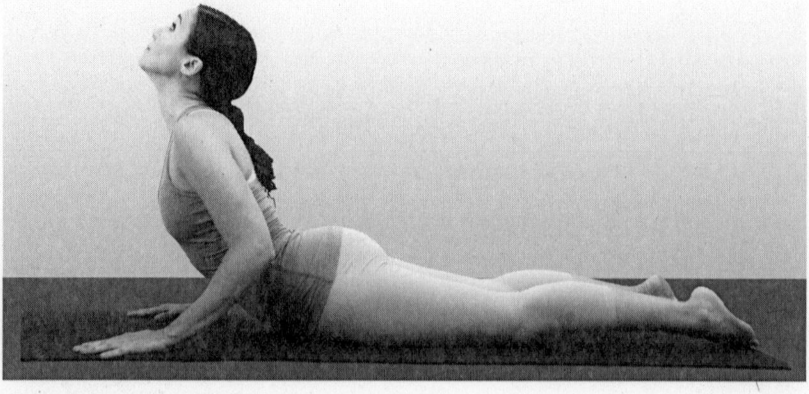

fig. 3

fig. 4

Approfondimento delle posizioni

Posizione della Montagna – Tadasana

Portiamo i piedi uniti, muoviamo leggermente il peso verso i talloni in modo da poter sollevare le dita dei piedi. Apriamo le dita e così le riportiamo a terra, in modo da poterci ben radicare sul tappeto. Le gambe sono attive e la schiena è dritta. Il coccige è leggermente ruotato in avanti per distendere meglio la parte lombare della colonna vertebrale. Le spalle sono rilassate e il collo lungo. Guardiamo davanti a noi.

Piegamento in avanti in piedi – Uttanasana
Portiamo le mani o la punta delle dita a terra. Idealmente le mani sono posizionate a terra al lato dei piedi, ma possiamo anche metterle più avanti. Abbassandoci, manteniamo la schiena dritta e ruotiamo il bacino per portare il busto vicino alle gambe. Espirando nello scendere, contraiamo i muscoli addominali. Stendiamo la parte posteriore delle gambe. Allunghiamo il collo.

Posizione del Cobra – Bhujangasana
Sdraiati a terra, portiamo le mani sotto le nostre spalle e i gomiti vicini al busto. Allunghiamo i lati del busto verso la testa, avviciniamo le spalle alle orecchie e iniziando l'inspirazione le ruotiamo indietro, sollevando petto e testa. Le spalle rimangono lontane dalle orecchie e il petto è aperto. Il bacino rimane a terra e le braccia rimangono leggermente flesse, con i gomiti vicini al busto.

Posizione del Cane a faccia in giù – Adho Mukha Svanasana
Le mani a terra sono aperte alla distanza delle spalle, con le dita ben separate tra di loro. Non appiattiamo il palmo della mano a terra, ma manteniamo il suo incavo naturale, per distribuire meglio la pressione sulla mano. Le mani sono rivolte in avanti e non ruotano lateralmente. Le braccia sono tese e attive. Le spalle si allontanano dalle orecchie e ci permettono di estendere il collo.
Lo sguardo è rivolto verso l'ombelico.
Il bacino ruota, andando a sollevare il coccige, per permetterci di allungare la schiena.
Le gambe sono distese, ma senza tendere troppo le ginocchia, e i quadricipiti sono attivi. Cerchiamo di portare i talloni a terra, allungando i polpacci.

Surya Namaskara A, seconda versione (fig. 5)

fig. 5

Iniziamo in piedi nella posizione della Montagna – Tadasana. I piedi sono uniti e ben radicati a terra, le gambe attive e la schiena distesa.
Inspirazione: Solleviamo entrambe le braccia e quando le mani si toccano i polmoni sono pieni d'aria. Guardiamo in alto verso le mani.
Espirazione: Ci incliniamo in avanti, ruotando il bacino portiamo le mani a terra, allineate coi piedi. Stendiamo la schiena e allunghiamo il collo.
Inspirazione: Stendiamo la schiena e le braccia, lasciando le mani o le dita a terra, guardiamo a terra davanti a noi (fig. 6).

fig. 6

Espirazione: Saltando indietro ci portiamo alla posizione della Tavola e ci abbassiamo a Chaturanga Dandasana.
Inspirazione: Allunghiamo le braccia, apriamo il petto e ci solleviamo alla posizione del Cane a faccia in su – Urdhva Mukha Svanasana (fig. 7).

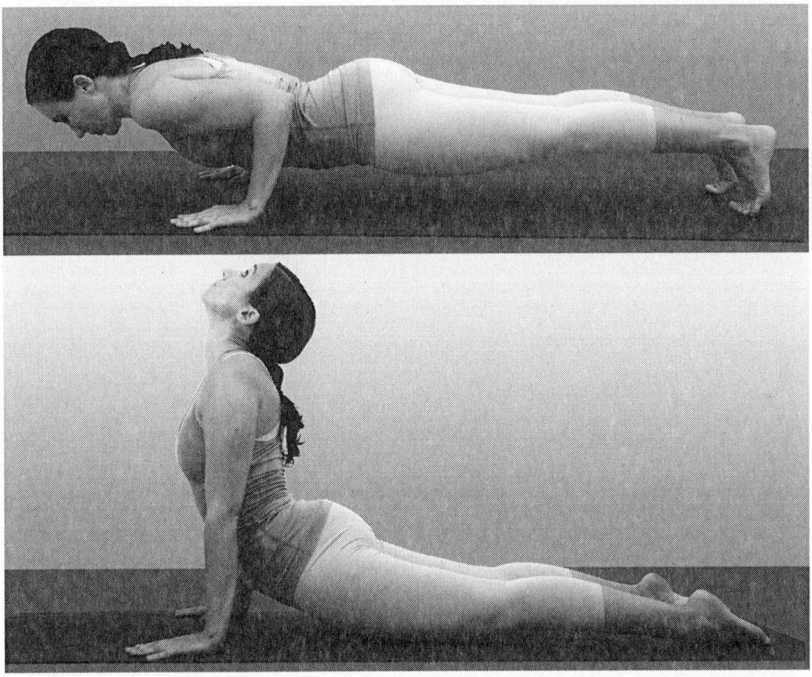

fig. 7

Espirazione: Facendo forza sulle mani ci portiamo nella posizione del Cane a faccia in giù – Adho Mukha Svanasana. Guardiamo verso l'ombelico.
Rimaniamo per cinque respirazioni in questa posizione
Inspirazione: Solleviamo i talloni e guardiamo tra le mani.
Espirazione: Saltiamo in avanti, portando i piedi tra le mani.
Inspirazione: Stendiamo la schiena e le braccia, lasciando le mani o le dita a terra, guardiamo a terra davanti a noi.
Espirazione: Ci pieghiamo nuovamente in Uttanasana.
Inspirazione: Solleviamo il busto ed entrambe le braccia, riportando le mani unite sopra la nostra testa. Guardiamo verso le mani.
Espirazione: Abbassiamo le braccia lungo il corpo e ci ritroviamo nuovamente nella posizione della Montagna.

Approfondimento delle posizioni

↺ *Posizione del Bastone a terra – Chaturanga Dandasana*
Le mani sono salde a terra, allineante sotto le spalle. I gomiti sono piegati e vicini al busto. Le spalle sono lontane dalle orecchie e il collo è lungo. Gli addominali e i quadricipiti sono attivati per mantenere tutto il corpo allineato, parallelo a terra. Guardiamo in basso.

↺ *Posizione del Cane con la faccia in su – Urdhva Mukha Svanasana*
Le braccia sono tese e forti nel mantenere la posizione. Le spalle ruotano all'indietro, per aprire il petto e allungare il collo. Il bacino è sollevato da terra. Le gambe sono attive e il collo del piede è a terra. Guardiamo verso l'alto.

Surya Namaskara B (fig. 8)

fig. 8

Iniziamo in piedi nella posizione della Montagna – Tadasana. I piedi sono uniti e ben radicati a terra, le gambe attive e la schiena stesa.
Inspirazione: Pieghiamo le ginocchia e muoviamo le braccia in avanti sollevandole per sederci nella posizione della Sedia – Utkatasana (fig. 9).

fig. 9

Espirazione: Stendiamo le gambe, ruotando il bacino portiamo le mani a terra, allineate coi piedi. Allunghiamo collo e schiena.
Inspirazione: Stendiamo la schiena e le braccia, lasciando le mani o le dita a terra, guardiamo a terra davanti a noi.
Espirazione: Saltando indietro ci portiamo alla posizione della Tavola e ci abbassiamo a Chaturanga Dandasana.
Inspirazione: Allunghiamo le braccia, apriamo il petto e ci solleviamo alla posizione del Cane a faccia in su – Urdhva Mukha Svanasana.
Espirazione: Facendo forza sulle mani ci portiamo nella posizione del Cane a faccia in giù – Adho Mukha Svanasana. Guardiamo verso l'ombelico.
Inspirazione: Portiamo il piede destro tra le mani e il tallone sinistro a terra, solleviamo il busto e le braccia per la prima posizione del Guerriero – Virabhadrasana I (fig 10).
Espirazione: Riportiamo le mani a terra, facciamo un passo indietro col piede destro e dalla posizione della Tavola, ci abbassiamo a Chaturanga Dandasana.

fig. 10

Inspirazione: Allunghiamo le braccia, apriamo il petto e ci solleviamo alla posizione del Cane a faccia in su – Urdhva Mukha Svanasana.
Espirazione: Facendo forza sulle mani ci portiamo nella posizione del Cane a faccia in giù – Adho Mukha Svanasana. Guardiamo verso l'ombelico.
Inspirazione: Portiamo il piede sinistro tra le mani e il tallone destro a terra, solleviamo il busto e le braccia per la prima posizione del Guerriero – Virabhadrasana I.

Espirazione: Riportiamo le mani a terra, facciamo un passo indietro col piede sinistro e dalla posizione della Tavola, ci abbassiamo a Chaturanga Dandasana.
Inspirazione: Allunghiamo le braccia, apriamo il petto e ci solleviamo alla posizione del Cane a faccia in su – Urdhva Mukha Svanasana.
Espirazione: Facendo forza sulle mani ci portiamo nella posizione del Cane a faccia in giù – Adho Mukha Svanasana. Guardiamo verso l'ombelico.
Rimaniamo per cinque respirazioni in questa posizione
Inspirazione: Solleviamo i talloni e guardiamo tra le mani.
Espirazione: Saltiamo in avanti, portando i piedi tra le mani.
Inspirazione: Stendiamo la schiena e le braccia, lasciando le mani o le dita a terra, guardiamo a terra davanti a noi.
Espirazione: Ci pieghiamo nuovamente in Uttanasana.
Inspirazione: Solleviamo le braccia e il busto e pieghiamo le ginocchia per tornare nella posizione della Sedia – Utkatasana.
Espirazione: Stendiamo gambe e braccia per tornare in piedi nella posizione della Montagna – Tadasana.

Approfondimento delle posizioni

Posizione della Sedia – Utkatasana
Stendiamo con energia le braccia verso l'alto, senza piegare i gomiti. Manteniamo le spalle lontano dalle orecchie e il collo lungo. La schiena è dritta e il coccige leggermente ruotato in avanti, per distendere la parte lombare della colonna vertebrale. I piedi e le ginocchia sono uniti. Il peso del corpo è sui talloni. Guardiamo in alto davanti a noi.

Prima posizione del Guerriero – Virabhadrasana I
La gamba davanti è piegata a 90°, con il ginocchio allineato sopra la caviglia. La gamba posteriore è stesa e attiva, con tutto il piede che tocca terra. Il tallone del piede anteriore è allineato con l'arco del piede posteriore. Le anche sono rivolte in avanti. Se non sono allineate, spostiamo leggermente in fuori il piede posteriore.
La schiena è distesa e il peso del corpo è al centro. Le braccia sono attive e sollevate verso l'alto; i gomiti sono tesi. Le spalle sono lontane dalle orecchie e il collo è dritto. Guardiamo davanti a noi.

Sequenze
{Energia}

Energizza il tuo corpo

Livello: facile
Tempo: 15 min
Focus: tonificare gambe, addome, braccia

La cosa migliore per ritrovare l'energia è sicuramente attivare la circolazione e tonificare i muscoli con una sequenza dinamica e intensa, che ci permetta di fare un esercizio armonico per tutto il corpo.
Gli asana di questa sequenza sono di semplice esecuzione e ci aiutano a creare la base per sviluppare la nostra pratica di Yoga, andando a rafforzare principalmente i muscoli di braccia, addome e gambe.
Fatta in combinazione con dei Saluti al Sole, questa sequenza è perfetta inoltre per bruciare calorie e quindi controllare il peso corporeo (fig. 1).

fig. 1

Iniziamo nella posizione del Cane a faccia in giù – Adho Mukha Savanasana – portando le mani al tappeto, aperte alla distanza delle spalle e i piedi aperti alla distanza dei fianchi.
Stendiamo bene la schiena, ruotando il bacino in alto e indietro, attivando bene spalle e braccia.
Le mani sono forti e ben radicate a terra e gli addominali sono contratti (la sensazione è di riuscire ad avvicinare l'ombelico alla colonna vertebrale).

Inspirando, ci spostiamo in avanti per la posizione della tavola.
Tutto il corpo è disteso a formare un'unica linea, dalle spalle alle caviglie, allineando anche il bacino.

Importante: Non lasciare che la tua cassa toracica collassi tra le spalle ma, facendo forza sulle mani, porta spalle e clavicole sullo stesso piano.

Espirando, ritorniamo alla posizione del Cane a faccia in giù (fig. 2).

fig. 2

Ripetiamo il movimento, seguendo il ritmo della respirazione per 5 volte.

Ritorniamo alla posizione del Cane a faccia in giù, questa volta unendo i piedi.
Inspirando solleviamo la gamba destra, evitando di ruotare il bacino verso destra, quindi mantenendo le anche parallele al terreno.
Espirando ci fermiamo nella posizione per 5 respirazioni profonde.

Importante: Non spostarti in avanti col busto, ma cerca al contrario di avvicinarlo alla gamba a terra, ruotando il bacino verso l'alto e attivando bene le braccia.

Inspiriamo nuovamente ed espirando, spostiamo il corpo in avanti (come per la posizione della Tavola), inarchiamo la schiena e piegando il ginocchio destro lo portiamo vicino alla fronte (fig. 3).
Ripetiamo il movimento per altre 5 volte.

fig. 3

Arrivati all'ultima ripetizione, mantenendo il ginocchio destro piegato, ci spostiamo in avanti come per la posizione della Tavola.
Portiamo la parte interna del piede sinistro a terra, così facendo ruotiamo tutto il corpo verso sinistra e solleviamo il braccio sinistro verso l'alto.
Stendiamo di fronte a noi la gamba destra, mantenendola sollevata da terra e contraendo bene gli addominali. Teniamo la posizione per 5 respirazioni (fig. 4).

Modifica: Se non ti è possibile sollevare la gamba, lascia il piede a terra, ma continua a contrarre bene gli addominali, sollevando bene il bacino verso l'alto.

Alla quinta respirazione torniamo alla posizione del Cane a faccia in giù.
Rimaniamo per alcune respirazione, nella posizione del Cane a faccia in giù. Lo sguardo è rivolto verso l'ombelico, il collo è disteso: prendiamoci il tempo per regolarizzare nuovamente il ritmo del respiro.

fig. 4

Inspirando solleviamo leggermente la gamba destra ed espirando facciamo un passo in avanti, portando il piede destro tra le mani (se non ci arriva, aiutiamoci afferrando la caviglia con la mano e spostando in avanti il piede).
Inspirando nuovamente solleviamo anche il busto e le braccia verso l'alto. Il tallone sinistro rimane sollevato da terra, la gamba è ben tesa e i muscoli sono attivi, in modo da creare una base stabile per mantenere l'equilibrio (fig. 5).
Rimaniamo nella posizione per 5 respirazioni.

Apriamo ora alla seconda posizione del Guerriero, Virabhadrasana II, il tallone sinistro va a terra, le braccia si allungano e tutto il corpo si porta su una linea. Rivolgiamo il nostro sguardo in avanti verso le dita della mano destra (fig. 6).

fig. 5

In **Virabhadrasana II**, la seconda posizione del Guerriero, siamo forti, stabili e ben radicati a terra con le nostre gambe, mentre la parte superiore del corpo è leggera, distesa e aperta.

I benefici di questa posizione sono:

- rafforzare e distendere le gambe;
- allungare i muscoli inguinali, del torace e delle spalle;
- stimolare gli organi addominali;
- aumentare la resistenza.

Importante: La gamba davanti è piegata a 90° e il ginocchio è allineato sopra la caviglia, ricorda che il peso del corpo deve restare nel mezzo, quindi non sbilanciarti in avanti.

Teniamo la posizione per 5 respirazioni.

fig. 6

Ritorniamo alla posizione del Cane a faccia in giù, mantenendola per alcune respirazioni, poi ripetiamo la stessa sequenza con la gamba sinistra, partendo dal Cane a tre zampe.

Una volta conclusa la sequenza anche dal lato sinistro ci fermiamo per qualche respirazione ancora nella posizione del Cane a faccia in giù. Da qui ci spostiamo in avanti nuovamente per la posizione della Tavola.
Facciamo ben attenzione che le mani siano allineate sotto le spalle.

Contraendo bene i nostri muscoli addominali, pieghiamo i gomiti indietro e ci abbassiamo, mantenendo il corpo su una linea, sollevato da terra, per cinque respirazioni in Chaturanga Dandasana (fig. 7).

fig. 7

Importante: Tieni i gomiti vicini al busto e non aprirli lateralmente.

Ci sdraiamo quindi sul tappeto, mantenendo le mani sotto le spalle e i gomiti vicini al busto.
Con una inspirazione solleviamo il busto e poi la testa per portarci nella posizione del Cobra, Bhujangasana. Espirando torniamo alla posizione del Cane a faccia in giù.

Dalla posizione del Cane a faccia in giù, saltiamo o camminiamo in avanti, andando a portare i piedi nuovamente tra le mani.
Con un'inspirazione, flettiamo le ginocchia e solleviamo braccia e busto, sedendoci in Utkatasana.

Importante: Tieni il peso del corpo sui talloni, stendi bene le braccia, ma rilassa in basso le spalle. Guarda di fronte a te.

Teniamo la posizione per 5 respirazioni e poi ci alziamo in piedi in Tadasana, concludendo la sequenza.

Rinforza gli addominali

Livello: facile
Tempo: 15 min
Focus: addominali

Ritrovare il giusto tono dei muscoli addominali è importante per moltissimi motivi, tra questi c'è il mantenimento di una giusta postura. Nella pratica degli asana, la funzione dei muscoli addominali è centrale, perché è proprio da questi che prendiamo la forza per eseguire qualsiasi posizione.
Degli addominali forti infatti ci permettono di sostenere correttamente la nostra struttura scheletrica e ciò ovviamente non solo durante la pratica dello Yoga, ma in ogni situazione, andando così a evitare cattive abitudini posturali, che possono, ad esempio, causare mal di schiena (fig. 8).

fig. 8

Iniziamo questa sequenza portandoci nella posizione del Cane a faccia in giù – Adho Mukha Svanasana.
Inspirando solleviamo il piede destro ed espirando, contraiamo bene i muscoli addominali e portiamo il piede destro tra le mani.
Portiamo il tallone sinistro a terra e prendiamo il tempo per controllare che il tallone destro sia allineato con l'arco interno del piede sinistro.
Inspirando profondamente ci solleviamo nella seconda posizione del Guerriero – Virabhadrasana II – e la manteniamo per cinque respirazioni.

Importante: Ricordati che entrambe le braccia devono rimanere alla stessa altezza, quindi non lasciar cadere il braccio dietro!

Ora pieghiamo il gomito destro e andiamo ad appoggiare l'avambraccio destro sulla gamba destra. Inspirando solleviamo il braccio sinistro ed espirando lo stendiamo, allungandolo oltre la nostra testa. Manteniamo la posizione per cinque respirazioni.

Importante: Non collassare sulla spalla destra, ma fai forza con l'avambraccio sulla gamba per mantenere la spalla e la clavicola ben distese.

Dai qui estendiamo anche il braccio destro verso destra, in modo da iniziare a far lavorare gli addominali e manteniamo la posizione per cinque respirazioni (figg. 9 e 9a).

fig. 9

fig. 9a

Alla fine delle cinque respirazioni, inspirando ci solleviamo, riportando il busto al centro e stendendo la gamba destra.
Ruotiamo il piede sinistro in fuori, pieghiamo la gamba sinistra, portandoci nella posizione del Guerriero e rifacciamo la sequenza da questo lato.

Terminata la sequenza dal lato sinistro, ci solleviamo portando i piedi paralleli con le gambe divaricate.
Da qui abbassiamo le mani a terra, mantenendo la schiena ben dritta, e portiamo la mano sinistra esattamente sotto il nostro viso. Inspirando, solleviamo il braccio destro verso l'alto e guardiamo verso la mano destra. Rimaniamo per cinque respirazioni e poi solleviamo il braccio sinistro di fronte a noi, andando a formare un immaginario angolo di 90° tra le due braccia. Manteniamo per cinque respirazioni e poi riportiamo entrambe le braccia a terra e ripetiamo dal lato sinistro (figg. 10 e 11).

fig. 10

fig. 11

Terminata la sequenza anche dal lato sinistro, spostiamo le mani verso il piede destro e, facendo un passo indietro, ci riportiamo nella posizione del Cane a faccia in giù.
Qui rimaniamo, riposandoci, per cinque lente respirazioni.

Inspirando, spostiamo il peso del corpo sulle mani, portando il busto in avanti nella posizione della Tavola.
Qui ci prepariamo per eseguire Vasisthasana, portiamo i piedi uniti e ruotiamo verso destra, andando a portare la parte esterna del piede destro a terra. Manteniamo la mano destra a terra e solleviamo il braccio sinistro verso l'alto rivolgendo lo sguardo verso la mano sinistra (fig. 12).

Modifica: Se inizialmente la posizione è troppo difficile e non riesci a sollevare bene il bacino, incomincia portando il ginocchio destro a terra.

fig. 12

Manteniamo la posizione per cinque respirazioni, dopodiché ci riportiamo con entrambe le mani a terra e ruotiamo verso sinistra per ripetere la stessa posizione dall'altro lato (fig. 13).

fig. 13

Ritorniamo alla posizione della Tavola ed espirando ci riportiamo nella posizione del Cane a faccia in giù per alcune respirazioni.

Importante: Se è la prima volta che esegui Vasisthasana, ora puoi ripetere la versione che hai appena fatto, oppure passare direttamente all'ultima posizione di questa sequenza, sedendoti a terra.

Andiamo ora a ripetere Vasisthasana eseguendo la versione completa della posizione.
Ci portiamo quindi nuovamente in avanti nella posizione della Tavola, uniamo i piedi e ruotiamo sul lato destro.
Da qui iniziamo a sollevare la gamba sinistra verso l'alto e andiamo ad afferrare l'alluce sinistro con le prime due dita della mano sinistra. Dopodiché stendiamo la gamba verso l'alto e torniamo a guardare verso l'alto; manteniamo la posizione per cinque respirazioni e poi ci giriamo e ripetiamo dall'altro lato (fig. 14).

Modifica: Le prime volte è più facile portare il piede da sollevare prima a terra, piegando il ginocchio, afferrare l'alluce e poi sollevare la gamba.

fig. 14

In **Vasisthasana** esercitiamo i nostri muscoli addominali in modo particolare, riuscendo così a sollevare busto e bacino verso l'alto.

I benefici di questa posizione sono:

- rinforzare addominali, gambe e braccia;
- allungare i muscoli posteriori delle gambe (nella versione con una gamba sollevata);
- migliorare la concentrazione e il senso di equilibrio.

Dopo aver eseguito Vasisthasana da entrambi i lati, ci riportiamo nella posizione del Cane a faccia in giù, mettiamo le ginocchia a terra e ci riposiamo con la fronte a terra nella posizione del Bambino – Balasana.

Ci riportiamo a sedere per eseguire l'ultima posizione della sequenza: Paripurna Navasana, la posizione della Barca.
Ci sediamo con la schiena ben dritta e portiamo i piedi a terra uniti. Afferriamo con le mani le gambe appena sotto le ginocchia e iniziamo a portare il peso all'indietro, in modo da riuscire a sollevare i piedi. Sempre mantenendo le gambe con le mani, solleviamo i piedi, portando le tibie parallele a terra.
Qui inspiriamo profondamente ed espirando contraiamo bene in muscoli addominali e lasciamo la presa della gambe, stendendo le braccia davanti a noi (figg. 15 e 16).

Manteniamo la posizione per cinque respirazioni.

fig. 15

fig. 16

Riportiamo i piedi a terra, aperti alla distanza dei fianchi, abbracciamo le ginocchia e stendiamo bene la schiena.
Dopo alcune respirazioni, rifacciamo la posizione, ma questa volta stendiamo completamente le gambe, rivolgendo lo sguardo verso i nostri piedi.

Importante: Questa posizione lavora con gli addominali, quindi cerca di mantenerli contratti e non inarcare assolutamente indietro la schiena!

La **posizione della Barca** può essere eseguita in due modi; uno con le tibie parallele a terra – **Ardha Navasana** – e uno con le gambe stese – **Paripurna Navasana**.

I benefici di questa posizione sono:

- rinforzare addominali, flessori delle anche e schiena;
- stimolare reni e intestino;
- migliorare la digestione.

Ripetiamo per cinque volte la posizione della Barca, ricordandoci di stendere ogni volta la schiena con i piedi a terra, tra una posizione e l'altra.

Tonifica e rinforza le gambe

Livello: facile
Tempo: 10 min
Focus: gambe

Uno dei benefici dello Yoga è sicuramente quello di sviluppare la muscolatura in modo armonico ed equilibrato. In questa sequenza di posizioni in piedi ci concentreremo in particolare sui muscoli delle gambe, con i quali lavoreremo prima per rinforzarli e poi per estenderli.
Nelle ultime posizioni della sequenza potrebbe essere utile avere sotto mano una cintura per lo yoga, oppure semplicemente un asciugamano (fig. 17).

fig. 17

Iniziamo questa sequenza portandoci nella posizione del Cane a faccia in giù – Adho Mukha Svanasana.
Controlliamo che le mani siano ben aperte alla distanza delle spalle e i piedi alla distanza dei fianchi. Ruotiamo il bacino all'indietro e verso l'alto e stendiamo bene la schiena.
Le mani sono il nostro punto di forza a terra e le dita sono bene aperte e separate tra di loro.
Dalla posizione del Cane a faccia in giù, inspirando solleviamo i talloni ed espirando li riportiamo a terra (figg. 18 e 19). Ripetiamo questo movimento per cinque volte.

Importante: Non ti spostare in avanti col busto, ma sollevati solamente verso l'alto.

fig. 18

fig. 19

Terminate le ripetizioni, dalla posizione del Cane a faccia in giù con un inspirazione passiamo alla posizione della Tavola, portando il peso e il busto in avanti.
Qui facciamo forza con le mani e contraiamo bene i muscoli addominali. Portiamo i piedi uniti e solleviamo il piede destro flettendo la punta in avanti. La gamba destra si solleva fino ad essere parallela a terra e manteniamo questa posizione per cinque respirazione.
Appoggiamo poi il piede destro a terra e facciamo la stessa posizione, sollevando la gamba sinistra e restando nella posizione per altre cinque respirazioni.
Dopo le cinque respirazioni, riportiamo il piede sinistro a terra e ci spingiamo nuovamente indietro nella posizione del Cane a faccia in giù, dove torniamo a stendere bene braccia e schiena.

Inspirando profondamente solleviamo nuovamente il piede destro ed espirando facciamo un passo in avanti, andando a portare il piede tra le mani. Qui mettiamo la mano destra sulla gamba destra. Inspirando stendiamo bene la schiena, aprendo il petto, ed espirando, ruotiamo il busto verso destra, facendo una torsione, e guardiamo verso l'alto. Quando siamo stabili nella posizione dell'Angolo invertito – Parivrtta Parsvakonasana, solleviamo il braccio destro verso l'alto, allineandolo con il braccio sinistro (fig. 20).

fig. 20

Importante: Cerca di avvicinare il petto al ginocchio!

Manteniamo questa posizione per cinque respirazioni e poi riportiamo entrambe le mani a terra.

Con un'inspirazione solleviamo il busto ed entrambe le braccia verso l'alto e ci fermiamo in questa posizione (fig. 21).

Importante: Controlla che il tallone dietro sia sollevato da terra e che il ginocchio davanti sia piegato a 90°.

Da qui, incliniamo il busto in avanti, senza appoggiarlo sulla gamba destra, allineando le braccia e il busto con la gamba posteriore (fig. 22). Manteniamo la posizione per cinque respirazioni.

fig. 21

fig. 22

Alla sesta inspirazione solleviamo il busto, portiamo il tallone sinistro a terra e ci fermiamo nella seconda posizione del Guerriero; il tallone sinistro va a terra, le braccia si allungano e tutto il corpo si porta su una linea. Rivolgiamo il nostro sguardo in avanti verso le dita della mano destra (fig. 23).
Rimaniamo in questa posizione per cinque respirazioni.
Dopo la quinta espirazione, inspirando solleviamo il braccio destro e incliniamo il busto indietro, espirando ritorniamo alla posizione del Guerriero (fig. 24). Ripetiamo questo movimento per tre volte e con l'ultima espirazione portiamo entrambe le mani a terra, facendo un passo indietro ritorniamo alla posizione del Cane a faccia in giù.

Ci fermiamo qui per alcune respirazioni profonde nella posizione del Cane a faccia in giù, poi con un'espirazione portiamo il piede sinistro tra le mani e ripetiamo la sequenza di posizioni da questo lato.

fig. 23

fig. 24

Dopo aver concluso la sequenza anche dal lato sinistro, ci ritroviamo nuovamente nella posizione del Cane a faccia in giù. Da questa posizione, saltando o con due passi, portiamo entrambi i piedi tra le mani in Uttanasana.
Inspirando, stendiamo la schiena e guardiamo davanti a noi. Qui prendiamo il nostro tempo per aprire i piedi e mettere le mani, con i palmi rivolti verso l'alto sotto i piedi, in modo che le dita dei piedi tocchino i polsi (fig. 25).

Modifica: È importante mettere tutta la mano sotto il piede, quindi ricorda che puoi piegare quanto ti è necessario le ginocchia.

Inspirando torniamo a stendere la schiena ed espirando ci abbassiamo, portando il viso verso le ginocchia.

Importante: Una volta nella posizione, continua ad approfondirla con la respirazione. Con ogni espirazione, svuota bene i polmoni e contrai i muscoli addominali in modo da trovare lo spazio per abbassarti ulteriormente.

Manteniamo la posizione per cinque respirazioni e poi togliamo le mani da sotto i piedi e inspirando nuovamente, poco per volta e mantenendo il mento al petto, ritorniamo in piedi.

Una volta in piedi, portiamo le mani ai fianchi e solleviamo la gamba destra piegando il ginocchio.
Qui afferriamo con l'indice e il medio della mano destra l'alluce destro.
Prima di stendere la gamba di fronte a noi, ci fermiamo per un attimo per trovare l'equilibrio.
Troviamo un punto di fronte a noi che possiamo fissare con lo sguardo e lì spostiamo la nostra attenzione (fig. 26).

Importante: Tutte le posizioni di equilibrio si mantengono con la concentrazione della mente, quindi focalizza la tua mente sulla posizione che stai facendo e accantona ogni altro pensiero, che ti possa distrarre o far perdere l'equilibrio.

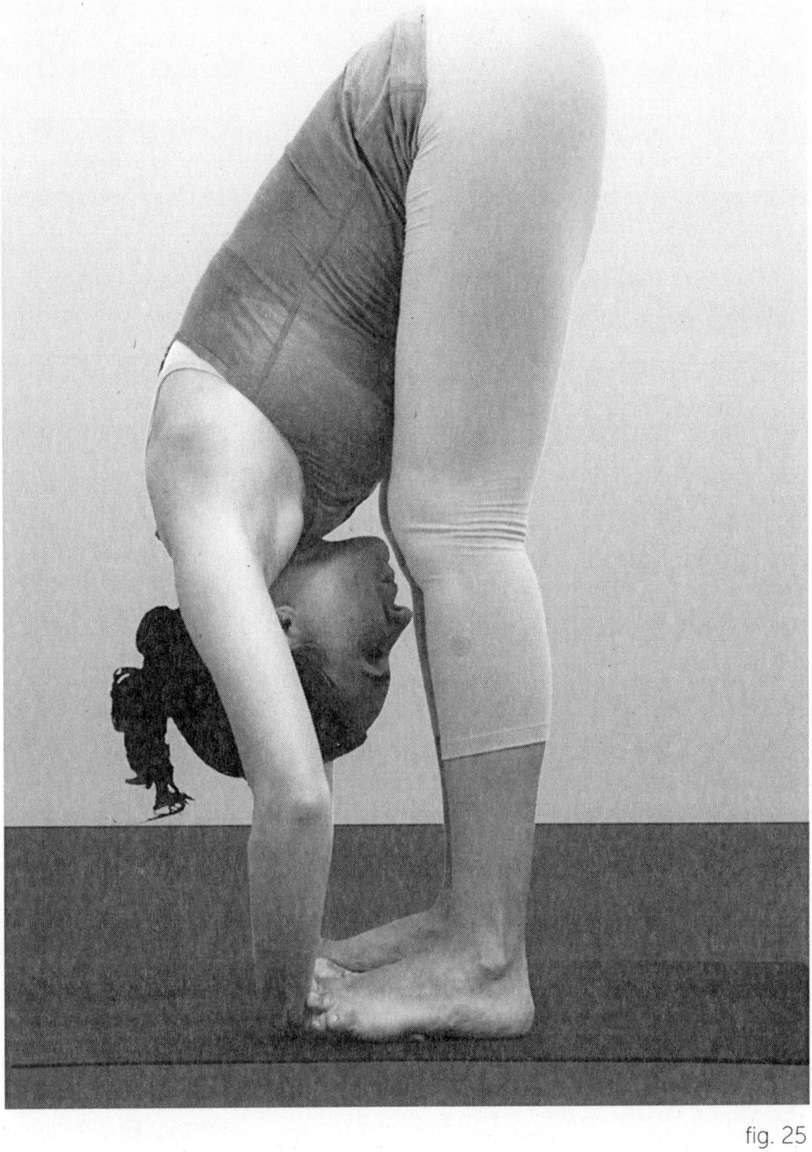

fig. 25

fig. 26

Con un'espirazione entriamo in Utthita Hasta Padangustasana; stendiamo la gamba di fronte a noi, prestando attenzione a mantenere le spalle allineate, cioè senza sporgerci in avanti con la spalla destra (fig. 26).

Modifica: Se ti risulta difficile stendere la gamba tenendo l'alluce con le dita, puoi utilizzare una cintura yoga oppure un asciugamano, passandoli sotto la pianta del piede e afferrandoli con un mano.

In **Utthita Hasta Padangustasana** lavoriamo sia irrobustendo le gambe che facendo un esercizio di stretching.

I benefici di questa posizione sono:

- rinforzare gambe e fianchi;
- allungare i muscoli della schiena e delle gambe;
- migliorare la capacità di equilibrio.

Dopo aver mantenuto la posizione per cinque respirazioni, lentamente apriamo la gamba verso destra e, altrettanto lentamente voltiamo lo sguardo verso sinistra per Utthita Parsvasahita.

Importante: muoverti lentamente ti darà la possibilità di non muovere troppo rapidamente lo sguardo e quindi mantenere l'equilibrio.

fig. 27

Dopo aver mantenuto questa posizione per cinque respirazioni, espirando riportiamo la gamba di fronte a noi.
Qui portiamo entrambe le mani ai fianchi, puntiamo il piede destro e manteniamo la gamba sollevata per altri cinque respiri in Utthita Eka Padasana (fig. 27).

Importante: Contrai bene i muscoli addominali e non cadere all'indietro con il busto!

Al termine delle cinque respirazioni, riportiamo la gamba a terra ed eseguiamo le stesse posizioni con la gamba sinistra.

Disintossica il corpo, torsioni

Livello: facile
Tempo: 10 min
Focus: flessibilità della schiena, digestione

Gli esercizi di torsione sono un metodo molto efficace per alleviare i dolori alla schiena e sciogliere le tensioni nei muscoli delle spalle e del collo. Rendono la colonna vertebrale molto più flessibile, migliorando inoltre la mobilità delle anche.
Le torsioni ci permettono di "massaggiare" i reni e gli organi addominali, migliorando la digestione e facilitando l'espulsione delle tossine. Per questo motivo gli asana di torsione sono considerati importantissimi e vengono inseriti in tutti i tipi di pratica Yoga (fig. 28).

fig. 28

Le torsioni di questa breve sequenza, sono di semplice esecuzione e sono ideali sia inserite in una qualsiasi lezione che per una breve pratica al mattino.

Importante: Quando esegui una torsione ricordati che la cosa più importante è mantenere la schiena dritta, senza incurvarla!

Iniziamo questa sequenza in piedi nella posizione della Montagna – Tadasana. I piedi sono uniti e ben radicati a terra, con le dita aperte, la schiena è dritta e le braccia distese lungo il corpo.
Da qui portiamo le mani nella mudra della preghiera – Anjali Mudra – con i palmi uniti davanti al petto, all'altezza del cuore.
Pieghiamo le ginocchia, come per sederci, e spostiamo il peso del corpo sui talloni al punto da poter sollevare le dita dei piedi.
Quindi inspirando stendiamo bene la colonna vertebrale ed espirando, contraiamo i muscoli addominali, e ci giriamo verso destra, andando a portare il gomito sinistro al di fuori della gamba destra.
Facciamo nuovamente un'inspirazione profonda e, spingendo sulle mani, approfondiamo maggiormente la torsione. Rivolgiamo lo sguardo verso l'alto e cerchiamo poco per volta di portare le mani unite nuovamente nel mezzo del petto. Sentiamo che la torsione parte dal bacino e si estende fino alle scapole, aiutandoci a mantenere il petto ben aperto (fig. 29).
Manteniamo questa posizione per cinque respirazioni.

Importante: Approfondisci la torsione usando il respiro, con ogni espirazione torna a contrarre i muscoli addominali e crea spazio all'interno del tuo addome per ruotare maggiormente il busto.

Al termine delle cinque respirazioni, con un'inspirazione profonda sciogliamo la torsione ed espirando portiamo entrambe le mani a terra, stendendo gambe e schiena.
Inspirando distendiamo la schiena, allunghiamo le braccia e guardiamo di fronte a noi, tenendo le mani a terra o portandole sulle gambe sotto le ginocchia: espirando riportiamo entrambe le mani a terra.
Inspirando nuovamente, facciamo un lungo passo indietro con il piede sinistro, lasciando il tallone sollevato. Il piede destro rimane tra le mani e controlliamo che il ginocchio sia ben allineato sopra la caviglia.
Qui mettiamo la mano destra sulla gamba destra. Inspirando stendiamo bene la schiena, aprendo il petto, ed espirando, ruotiamo il busto verso destra, facendo una torsione, e guardiamo verso l'alto. Quando siamo stabili nella posizione dell'Angolo Invertito – Parivrtta

fig. 29

Parsvakonasana –, solleviamo il braccio destro verso l'alto, allineandolo con il braccio sinistro (fig. 30). Manteniamo questa posizione per cinque respirazioni e poi riportiamo entrambe le mani a terra.

Con un'inspirazione solleviamo il busto ed entrambe le braccia verso l'alto e ci fermiamo in questa posizione.
Riportiamo le mani unite di fronte al petto nel mudra della preghiera. Inspirando allunghiamo la schiena ed espirando ci giriamo nuova-

fig. 30

mente verso destra, portando il gomito sinistro al di fuori della gamba destra.
Con la seguente espirazione, contraiamo profondamente i muscoli addominali, trovando lo spazio per approfondire la torsione verso destra. Continuiamo a premere le mani una contro l'altra, in modo da andare a portarle al centro del petto.
Rivolgiamo il nostro sguardo verso l'alto, continuando in questo modo la torsione della colonna vertebrale, e fissiamo il nostro sguardo in un punto, in modo tale da poter mantenere più facilmente l'equilibrio (fig. 31).

Modifica: Se mantenere l'equilibrio in questa posizione ti risulta difficile, porta il ginocchio posteriore a terra per renderla più stabile!

Manteniamo la posizione per cinque respirazioni profonde e poi riportiamo con un'espirazione entrambe le mani a terra.

fig. 31

Qui facciamo una sequenza di Vinyasa per riportarci in piedi (fig. 32).

fig. 32

Facciamo un passo indietro con il piede destro per portarci alla posizione della Tavola. Ci abbassiamo a terra, mantenendo il corpo allineato. Inspirando ci solleviamo per la posizione del Cobra o del Cane a faccia in su; espirando, stendiamo le braccia e spingendo il busto indietro con le mani ci portiamo alla posizione del Cane a faccia in giù. Ci fermiamo per cinque respirazioni in questa posizione e poi, saltando

o camminando, portiamo entrambi i piedi tra le mani per Uttanasana. Inspirando distendiamo la schiena, allunghiamo le braccia e guardiamo di fronte a noi; espirando scendiamo nuovamente con il busto. Con la nuova inspirazione, aprendo lateralmente le braccia ci solleviamo in piedi ed espirando riportiamo le braccia lungo il corpo nella posizione della Montagna.
Da qui ripetiamo tutta la sequenza con le tre posizioni dal lato sinistro.

Una volta terminata anche l'ultima posizione dal lato sinistro, ci riportiamo nella posizione del Cane a faccia in giù, facendo un passo indietro con la gamba sinistra.
Qui facciamo un piccolo passo in avanti con entrambi i piedi, avvicinandoli di circa dieci centimetri alle mani.
Inspiriamo profondamente ed espirando, prendiamo la caviglia o il polpaccio sinistro con la mano destra. Rivolgiamo lo sguardo verso l'alto; manteniamo la posizione per cinque respirazioni e con ogni espirazione cerchiamo di approfondire la torsione, contraendo bene i muscoli addominali (fig. 33).
Dopo la quinta espirazione, inspirando riportiamo la mano destra in avanti a terra. Torniamo a inspirare profondamente ed espirando,

fig. 33

prendiamo la caviglia o il polpaccio destro con la mano sinistra e anche da questo lato manteniamo la posizione per cinque respiri.

Una volta terminato, mettiamo entrambe le ginocchia a terra, incrociamo le caviglie, ci sediamo a terra portando i piedi di fronte a noi.

Ci prepariamo per eseguire la mezza posizione del Signore dei Pesci – Ardha Matsyendrasana.
Mettiamo entrambi i piedi a terra di fronte a noi, aperti alla distanza dei fianchi.
Con la mano destra andiamo ad afferrare la caviglia sinistra e portiamo la gamba sinistra a terra, allineando il ginocchio sinistro con lo sterno, al centro del nostro corpo. Poi passiamo il piede destro al di fuori del ginocchio sinistro. Intrecciamo le dita delle mani intorno al ginocchio destro e ci fermiamo un attimo qui per allungare bene la schiena (fig. 34).

fig. 34

fig. 35

Inspirando, solleviamo verso l'alto il braccio sinistro ed espirando andiamo a portare il gomito sinistro al di fuori del ginocchio destro e muoviamo la mano destra dietro di noi (fig. 35). Con una nuova inspirazione, stendiamo bene la schiena, espirando contraiamo gli addominali e approfondiamo la torsione guardando indietro, oltre la nostra spalla destra (fig. 36). Manteniamo la posizione per cinque respirazioni, approfondendola a ogni espirazione.

fig. 36

Importante: Controlla che entrambi i glutei siano appoggiati a terra!

Modifica: La posizione completa prevede anche di agganciare le mani dietro la schiena, quindi passa il braccio sinistro nell'apertura che si crea sotto il ginocchio destro e il braccio destro dietro la schiena. Qui aggancia le mani e mantieni la posizione. La versione completa è abbastanza complessa, quindi se sei alla tua prima esperienza con lo Yoga, incomincia con la prima versione.

Dopo la quinta espirazione, inspiriamo e ritorniamo con il busto al centro, guardando di fronte a noi. Appoggiamo le mani a terra all'altezza dei fianchi e, inclinandoci un po' indietro, sciogliamo le gambe riportando i piedi a terra.
Ripetiamo la stessa posizione dal lato sinistro.
Afferriamo quindi con la mano sinistra la caviglia destra e mettiamo il ginocchio destro a terra, allineato con lo sterno. Passiamo il piede sinistro al di là del ginocchio destro, intrecciamo le dita intorno al ginocchio sinistro e rimaniamo per un attimo con la schiena ben dritta in questa posizione.
Poi inspirando, solleviamo il braccio destro e portiamo il gomito destro fuori dal ginocchio sinistro espirando. La mano sinistra si sposta dietro la schiena. Con un nuova inspirazione, stendiamo la schiena ed espirando approfondiamo la torsione guardando indietro, oltre la spalla sinistra. Manteniamo la posizione per cinque respirazioni.

La mezza posizione del **Signore dei Pesci – Ardha Matsyendrasana –** è una profonda torsione del busto, tra le più praticate nello Yoga, i cui benefici sono:

- stimolare fegato e polmoni;
- aiutare il sistema digestivo;
- distendere i muscoli di schiena, spalle e collo;
- migliorare la flessibilità della colonna vertebrale.

Dopo la quinta espirazione, inspirando torniamo a voltarci in avanti e, inclinandoci leggermente indietro, sciogliamo le gambe riportando entrambi i piedi a terra.
Qui ci sdraiamo con il busto a terra e allarghiamo lateralmente le braccia. Portiamo i piedi uniti e con un'espirazione, lasciamo cadere le ginocchia verso destra, mentre giriamo la testa verso sinistra (fig. 37).

Rimaniamo per alcune respirazioni profonde in questa posizione, cercando di mantenere entrambe le spalle appoggiate a terra.
Inspirando riportiamo le gambe al centro ed espirando le facciamo cadere a sinistra, rivolgendo lo sguardo verso destra. Rimaniamo nella posizione per alcune respirazioni, concludendo la sequenza.

fig. 37

Tonifica i glutei

Livello: facile
Tempo: 12 min
Focus: glutei

Queste breve sequenza, che può essere anche eseguita singolarmente, prevede una serie di posizioni per tonificare i muscoli delle gambe e in particolar modo, quelli dei glutei. Vedremo quindi dapprima delle posizioni per far lavorare questi muscoli e alla fine una posizione di stretching profondo per distenderli.
Tutta la sequenza in piedi può essere ripetuta anche più di una volta di seguito (fig. 38).

fig. 38

Iniziamo la sequenza in piedi nella posizione della Montagna – Tadasana. I piedi sono uniti, la schiena dritta e le braccia lungo il corpo.

Inspirando solleviamo le braccia verso l'alto, rilassando in basso le spalle e allungando il collo. Pieghiamo le ginocchia, mantenendole unite e ci fermiamo nella posizione della Sedia – Utkatasana.
Qui ruotiamo il coccige leggermente in avanti, in modo da permettere alla schiena di allungarsi. Spostiamo il peso del corpo sui talloni e alleggeriamo le dita dei piedi (fig. 39).
Rimaniamo per cinque profonde respirazioni seduti nella posizione.

fig. 39

Inspiriamo profondamente ed espirando ci pieghiamo in avanti portando le mani a terra. Con la nuova inspirazione, stendiamo schiena e braccia, guardando di fronte a noi. Espirando ci abbassiamo nuovamente con il busto e saltando, o con un passo, portiamo i piedi indietro per la posizione della Tavola e ci abbassiamo a terra, sdraiandoci sul tappeto.
Allunghiamo le gambe a terra, portando al tappeto anche il collo del piede; stendiamo le braccia lungo il corpo, con i palmi delle mani ri-

volti a terra. Ci prepariamo per la posizione della Locusta – Salabhasana.
Distendiamo i lati del busto, avvicinando le spalle alle orecchie e poi ruotiamo le spalle indietro, aprendo il petto. Inspirando, solleviamo il petto e la testa, guardando in avanti. Con lo stesso movimento alziamo da terra anche le mani, stendendo indietro la braccia e continuando ad aprire il petto. Attiviamo i muscoli della gambe e, contraendo i muscoli dei glutei, solleviamo i piedi e la gambe (fig. 40).
Rimaniamo nella posizione per due respirazioni profonde e poi ritorniamo a terra e ci prepariamo per ripetere altre quattro volte la posizione della Locusta.

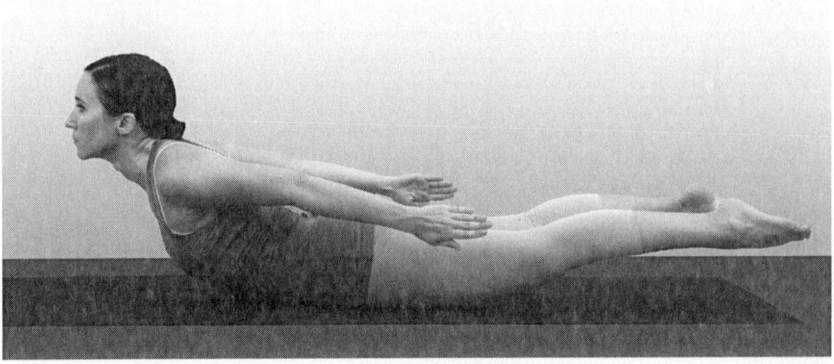

fig. 40

Ritornando a terra, mettiamo le mani sotto le spalle, chiudiamo i gomiti, avvicinandoli al busto, e inspirando solleviamo il petto e poi la testa per la posizione del Cobra. Con l'espirazione, solleviamo il bacino e le ginocchia, spingendo indietro con le mani ci portiamo nella posizione del Cane a faccia in giù. Rimaniamo qui per alcune respirazioni.

Inspirando, portiamo il busto in avanti, allineando i polsi sotto le spalle, per la posizione della Tavola.
Qui con i piedi uniti, solleviamo il piede destro, portando la gamba parallela a terra. Rimaniamo cinque respirazioni in questa posizione.

Importante: Mantieni spalle, busto e bacino allineati; quindi attiva bene le braccia per far sì che il petto non si abbassi rispetto alla linea delle spalle e contrai i muscoli addominali per sostenere il bacino.

Al termine delle cinque respirazioni, spingendo sulle mani, avviciniamo il busto alla gamba sinistra, sollevando verso l'alto la gamba destra (figg. 41 e 42). Rimaniamo qui per altre cinque respirazioni.

Importante: La gamba sollevata è attiva e ben distesa!

fig. 41

fig. 42

Riportiamo poi il piede destro a terra, ci spostiamo nuovamente in avanti per prepararci a fare le stesse due posizioni dall'altro lato. Terminato anche il lato sinistro, ritorniamo alla posizione del Cane a faccia in giù e saltando, o con un passo, portiamo entrambi i piedi tra le mani.
Inspirando stendiamo braccia e schiena, guardando davanti a noi, espirando ci abbassiamo nuovamente. Con la seguente inspirazione, solleviamo le braccia e ci portiamo in piedi.
Uniamo le mani di fronte al petto nella mudra della preghiera – Anjali Mudra – e spostiamo il peso del corpo sul piede sinistro. Inspirando, pieghiamo il ginocchio destro e lo solleviamo, espirando, ruotiamo bacino e busto in avanti e stendiamo la gamba destra dietro di noi. Portiamo sia il busto che la gamba sollevata paralleli a terra. Fissiamo un punto sul tappeto per trovare l'equilibrio in questa posizione e quando siamo pronti, stendiamo anche le braccia di fronte a noi, per la terza posizione del Guerriero – Virabhadrasana III. Rimaniamo per cinque respirazioni in questa posizione.

Importante: Mantieni il bacino parallelo a terra e non sollevare il lato della gamba in aria.

Inspirando, ruotiamo il bacino per tornare in piedi e riportiamo le mani unite di fronte al petto. Spostiamo ora il peso del corpo sul piede destro e ripetiamo la posizione sollevando la gamba sinistra (fig. 43).

fig. 43

Qui eseguiamo una sequenza di Vinyasa per tornare alla posizione del Cane a faccia in giù (fig. 44).

fig. 44

Inspirando solleviamo le braccia verso l'alto, inclinando dolcemente la schiena indietro, espirando portiamo le mani a terra. Inspirando nuovamente, stendiamo la schiena guardando di fronte a noi con le mani a terra o sulle gambe; espirando ci riabbassiamo.
Facciamo un passo indietro o saltiamo per portarci alla posizione della Tavola. Ci abbassiamo a terra, mantenendo il corpo allineato in Chaturanga Dandasana. Inspirando ci solleviamo per la posizione del Cobra o del Cane a faccia in su; espirando, stendiamo le braccia e spingendo il busto indietro con le mani ci portiamo alla posizione del Cane a faccia in giù.
Qui portiamo le ginocchia a terra, incrociamo le caviglie e ci sediamo, portando i piedi a terra davanti a noi. Ci prepariamo per la posizione del Muso di Mucca – Gomukasana.
Con la mano destra prendiamo la caviglia sinistra e portiamo il ginocchio sinistro a terra davanti a noi e il tallone sinistro vicino al fianco. Poi prendiamo la caviglia destra con la mano sinistra e sovrapponiamo le due ginocchia, allineandole, e portiamo il tallone destro vicino al fianco sinistro.
Inspirando solleviamo il braccio destro verso l'alto, pieghiamo il gomito e portiamo la mano destra dietro la schiena. Passiamo anche la mano sinistra dietro la schiena e agganciamo le due mani (figg. 45 e 46).

Modifica: Se le due mani non si toccano, afferra con entrambe una cintura yoga o un asciugamano.

fig. 45

fig. 46

Con la seguente inspirazione, allunghiamo il busto verso l'alto ed espirando ci incliniamo in avanti, portando il busto sulle gambe, qui rimaniamo per cinque respirazioni.
Inspirando, solleviamo nuovamente il busto e sciogliamo la presa delle mani, che portiamo a terra leggermente più in dietro del bacino. Ci incliniamo indietro per poter sollevare le gambe e portare questa volta la gamba sinistra sopra la destra. Inspirando solleviamo il braccio sinistro e ripetiamo la posizione da questo lato.

Migliora la circolazione delle gambe

Livello: medio
Tempo: 5 min
Focus: tonificare le gambe

Questa sequenza è pensata per esercitare i muscoli delle gambe, allo scopo di renderli più tonici e andare così a migliorare la circolazione sanguigna. Chi soffre di pesantezza e gonfiore delle gambe sicuramente troverà beneficio nell'inserire queste posizioni nella sua routine quotidiana di Yoga (fig. 47).
Per eseguire queste posizioni, potrebbe essere utile un supporto come un blocco yoga o un libro voluminoso (più voluminoso di questo!).

fig. 47

Incominciamo la sequenza nella posizione del Cane a faccia in giù, con le mani ben salde a terra e le braccia tese.

Da qui, uniamo i piedi e, inspirando, solleviamo la gamba destra verso l'alto, puntando il piede destro, per la posizione del Cane a tre zampe. Manteniamo la posizione per cinque respirazioni, facendo forza con le mani e cercando di avvicinare in questo modo il busto alla gamba rimasta a terra (fig. 48).

fig. 48

Terminata la quinta espirazione, riportiamo a terra la gamba e, inspirando, solleviamo il tallone sinistro ed espirando facciamo un passo in avanti, andando a portare il piede destro tra le mani.
Con la seguente inspirazione, solleviamo il busto ed entrambe le braccia e ci fermiamo in questa posizione, mantenendo il tallone sinistro sollevato.

Qui portiamo la mano sinistra sulla gamba destra e la mano destra al fianco. Inspiriamo profondamente, allungando la schiena verso l'alto, ed espiriamo girandoci completamente con il busto verso destra. Quando siamo stabili nella posizione allunghiamo le braccia lateralmente e dirigiamo lo sguardo verso la mano destra. Manteniamo la posizione per cinque respirazioni, cercando di rimanere con il busto al centro, quindi senza sbilanciarci troppo in avanti o indietro (figg. 49 e 50).

Importante: Fissa lo sguardo in un punto per mantenere l'equilibrio in questa posizione.

fig. 49

fig. 50

Con la seguente inspirazione, ritorniamo a sollevare le braccia verso l'alto, girando il busto in avanti ed espirando ci fermiamo nella posizione.
Inspirando nuovamente, andiamo alla seconda posizione del Guerriero. Appoggiamo il tallone sinistro a terra, allineiamo tutto il corpo sullo stesso piano, stendendo anche le braccia lateralmente. Controlliamo che il ginocchio davanti sia piegato a 90°, allineato sopra la caviglia. Manteniamo la posizione per cinque respirazioni, rivolgendo lo sguardo verso la nostra mano destra (fig. 51).

Importante: Mantieni la posizione facendo forza nelle gambe, ma stendi bene le braccia e soprattutto non trattenere nessuna tensione nelle spalle.

fig. 51

Al termine delle cinque respirazioni, inspiriamo profondamente e con l'espirazione ci incliniamo in avanti, fino a portare la mano destra a terra vicino al piede destro, all'interno della gamba. Il braccio sinistro si solleva verso l'alto, allineandosi con quello destro, e dirigiamo lo sguardo verso la mano sinistra.
Manteniamo anche la posizione dell'Angolo esteso – Utthita Parsvakonasana – per cinque respirazioni (fig. 52).

Modifica: Se la mano non arriva completamente a terra, puoi poggiarti sui polpastrelli, oppure usare un supporto, come un blocco yoga o un libro, per diminuire la distanza.

Con un'inspirazione risaliamo nella seconda posizione del Guerriero; qui stendiamo entrambe le gambe e riduciamo un poco la distanza tra i piedi, facendo un piccolo passo in avanti con il piede sinistro.

fig. 52

Ci prepariamo per eseguire la posizione del Triangolo – Utthita Trikonasana.
Inspirando ci incliniamo leggermente indietro, stendendo bene la parte laterale destra del busto, allungando all'indietro il braccio destro. Con l'espirazione, mantenendo la stessa estensione della schiena, ci spostiamo in avanti, andando ad agganciare con le prime due dita della mano destra l'alluce del piede destro.
Il braccio sinistro si solleva verso l'alto, la schiena è distesa e il petto ben aperto; rivolgiamo il nostro sguardo verso la mano sinistra e manteniamo la posizione per cinque respirazioni (fig. 53).

Modifica: In questa posizione, tutto il corpo deve rimanere sullo stesso piano. Se per toccare terra o afferrare l'alluce con la mano si ruota il bacino, facendo cadere verso il basso la cresta iliaca, è meglio risalire e posizionare la mano sulla gamba o su un blocco yoga.

fig. 53

La posizione del triangolo, o meglio del **Triangolo esteso – Utthita Trikonasana –** anche se apparentemente molto semplice, comporta un attento lavoro di estensione e di allineamento.

I benefici di questa posizione sono:

- allungare i muscoli del bacino e dell'inguine;
- rinforzare e allungare i muscoli delle gambe;
- allungare i muscoli di spalle, busto e schiena.

Al termine della quinta espirazione, portiamo entrambe le mani a terra e incominciamo a muoverle in avanti.
Poco per volta iniziamo a sollevare il piede sinistro per prepararci alla posizione della Mezza Luna – Ardha Chandrasana.

Portiamo la mano destra a terra più avanti e a qualche centimetro dal piede destro; mentre per il momento la mano sinistra rimane al fianco. Facendo forza sulla gamba a terra, solleviamo la gamba sinistra e poco per volta apriamo il bacino, ruotando il fianco sinistro verso l'alto. Stendiamo bene la schiena e apriamo il petto.
Per ultimo solleviamo il braccio sinistro verso l'alto e rivolgiamo lo sguardo alla mano sinistra, in modo da mantenere l'equilibrio nella posizione (fig. 54).

fig. 54

Modifica: All'inizio può essere d'aiuto usare un blocco yoga sotto la mano che rimane a terra, per ridurre la distanza.

Dopo aver mantenuto la posizione per cinque respirazioni, portiamo la mano sinistra a terra e poi il piede sinistro.
Qui facciamo una sequenza di Vinyasa per riportarci alla posizione del Cane a faccia in giù (fig. 55).

fig. 55

Inspirando stendiamo la schiena, allunghiamo le braccia e guardiamo di fronte a noi; espirando scendiamo nuovamente con il busto. Saltando o facendo due passi indietro ci portiamo nella posizione della Tavola. Ci abbassiamo a terra, mantenendo il corpo allineato. Inspirando ci solleviamo per la posizione del Cobra o del Cane a faccia in su; espirando, stendiamo le braccia e spingendo il busto indietro con le mani ci portiamo nella posizione del Cane a faccia in giù.
Qui ci riposiamo per cinque respirazioni e poi ripetiamo tutta la sequenza con la gamba sinistra.

Sequenze

{Stretching e Flessibilità}

Come toccarsi la punta dei piedi 1

Livello: facile
Tempo: 12 min
Focus: stretching delle gambe

Sicuramente la scusa universalmente più usata per non praticare Yoga è il non riuscire a toccarsi le dita dei piedi, ma è appunto solo una scusa, visto che è proprio grazie allo yoga che tutti possono aumentare la propria flessibilità e arrivare a "toccare terra"!
Il risultato è garantito e sta ovviamente al praticante esercitare non solo il proprio corpo, ma anche la propria volontà e soprattutto la costanza.
Per alcune posizioni di questa sequenza, potrebbe essere utile come supporto una cintura yoga oppure un asciugamano.

Trattandosi di posizioni di stretching profondo, è bene ricordarsi di eseguirle sempre dopo un adeguato riscaldamento e mai a freddo!

Iniziamo questa sequenza portandoci nella posizione del Cane a faccia in giù – Adho Mukha Svanasana (fig. 1).

fig. 1

Inspirando, solleviamo il piede destro da terra e con l'espirazione facciamo un passo in avanti, portando il piede tra le mani. Se un passo non basta, afferriamo la caviglia destra con la mano e portiamo il piede in avanti, in modo da allineare ginocchio e caviglia.
Qui guardiamo in alto, aprendo bene il petto e spingendo leggermente in avanti il bacino; solleviamo le mani tenendo a terra solo i polpastrelli. Espirando, allunghiamo la gamba destra, abbassiamo il busto sulla gamba, spostando il bacino indietro. Inspirando nuovamente, torniamo in avanti, piegando la gamba destra e guardando verso l'alto (figg. 2 e 3).
Ripetiamo per cinque volte questo movimento.

fig. 2

fig. 3

Con l'ultima inspirazione, ritorniamo in avanti e solleviamo verso l'alto braccia e busto. Stendiamo la gamba davanti e portiamo a terra il tallone sinistro.
Ci prepariamo per eseguire la posizione del Triangolo – Utthita Trikonasana.
Inspirando ci incliniamo leggermente indietro, stendendo bene la parte laterale destra del busto, allungando indietro il braccio destro. Con l'espirazione, mantenendo la stessa estensione della schiena, ci spostiamo in avanti, andando ad agganciare con le prime due dita della mano destra l'alluce del piede destro.
Il braccio sinistro si solleva verso l'alto, la schiena è distesa e il petto ben aperto; rivolgiamo il nostro sguardo verso la mano sinistra e manteniamo la posizione per cinque respirazioni (fig. 4).

Modifica: In questa posizione, tutto il corpo deve rimanere sullo stesso piano. Se per toccare terra o afferrare l'alluce con la mano si ruota il bacino, facendo cadere verso il basso la cresta iliaca, è meglio risalire e posizionare la mano sulla gamba o su un blocco yoga.

fig. 4

Portiamo ora entrambe le mani a terra, facciamo un passo indietro con il piede destro e ritorniamo così alla posizione del Cane a faccia in giù. Ripetiamo la stessa sequenza di posizioni con la gamba sinistra in avanti.

Terminata la sequenza anche dal lato sinistro, riportiamo entrambe le mani a terra e i piedi uniti tra le mani. Inspirando distendiamo la schiena e le braccia guardando davanti a noi ed espirando ci riabbassiamo con le mani a terra.

Modifica: Ricorda che se le mani non toccano terra puoi sempre piegare leggermente le ginocchia, ma stendi comunque bene la schiena!

Con un nuova inspirazione solleviamo le braccia in alto, portandoci in piedi.

Qui facciamo un piccolo passo indietro con il piede sinistro, portandolo a terra ruotato a 45°, mantenendo comunque il bacino rivolto in avanti.
Ci prepariamo per la posizione della Piramide – Utthita Parsvottanasana o intensa estensione laterale.
Per questa posizione abbiamo tre opzioni per sistemare le braccia dietro la schiena. Possiamo agganciare con le mani i gomiti opposti, intrecciare le dita e unire i palmi delle mani distendendo le braccia oppure unire le mani nella mudra della preghiera dietro la schiena.

Una volta sistemate le braccia dietro la schiena, inspirando stendiamo il più possibile la colonna vertebrale verso l'alto, espirando scendiamo con il busto, portandolo sulla gamba destra e mantenendo l'estensione.
Rimaniamo in questa posizione per cinque respirazioni, cercando di approfondire la posizione con ogni espirazione, contraendo i muscoli addominali ed estendendo la schiena.
Risaliamo con un'inspirazione e ci giriamo indietro, ruotando i piedi, per fare la stessa posizione abbassandoci sulla gamba sinistra (fig. 5).

Modifica: Se senti "tirare" troppo i muscoli posteriori delle gambe in questa posizione, ricorda che puoi mantenere le ginocchia leggermente flesse.

fig. 5

La posizione della **Piramide – Utthita Parsvottanasana –** è uno stretching intenso che interessa in modo particolare i bicipiti femorali. Come tutte le posizioni profonde può essere eseguita solo quando il corpo è pronto e riscaldato e mai immediatamente all'inizio della pratica.

I benefici di questa posizione sono:

- allungare schiena e bicipiti femorali;
- migliorare la postura;
- facilitare la mobilità delle spalle;
- calmare.

Eseguita la posizione anche dal lato sinistro, ci portiamo a sedere sul tappeto.
Pieghiamo entrambe le ginocchia e con le mani afferriamo la parte esterna dei piedi. Ci sbilanciamo con il busto leggermente indietro, in modo da riuscire a sollevare i piedi. Inspiriamo in questa posizione ed espirando stendiamo le gambe verso l'alto.

Importante: Non inarcare indietro la schiena, mantienila dritta e porta indietro le spalle.

Prima troviamo l'equilibrio in questa posizione, poi con un'espirazione apriamo le gambe lateralmente e manteniamo la posizione per cinque respirazioni. Guardiamo verso l'alto, in modo da mantenere con più facilità l'equilibrio (figg. 6 e 7).

fig. 6

fig. 7

Al termine delle cinque respirazioni, accompagniamo nuovamente i piedi a terra.

Stendiamo la gamba sinistra davanti a noi e portiamo la gamba destra piegata a terra, sistemando il piede destro nell'interno coscia sinistro e formando un angolo di 90° con le due gambe. Ci prepariamo per eseguire la posizione del Ginocchio alla Fronte – Janu Sirsasana (fig. 8).

fig. 8

Afferriamo il piede sinistro con le mani. Inspirando stendiamo il busto ed espirando, mantenendo la stessa estensione della colonna vertebrale, scendiamo in avanti portando il busto sulla gamba sinistra (fig. 9).

Modifica: Se le mani non arrivano ad afferrare il piede, usa una cintura yoga o un asciugamano, passandoli intorno al piede e afferrandoli con entrambe le mani.

Dopo cinque respirazioni profonde nella posizione, risaliamo con il busto inspirando e lasciamo andare il piede.

Stendiamo ora la gamba destra, pieghiamo la sinistra portando il tallone il più possibile vicino al bacino e poi guidiamo il ginocchio a terra. Ripetiamo la stessa posizione anche da questo lato.

fig. 9

Anche la posizione del **Ginocchio alla Fronte – Janu Sirsasana** – è una profonda estensione per le nostre gambe e per la nostra schiena, che ci aiuta a allungare i muscoli e acquisire una maggior flessibilità.

I benefici di questa posizione sono:

- allungare i muscoli delle gambe;
- allungare schiena e spalle;
- migliorare il sistema digestivo;
- calmare.

Stendiamo quindi entrambe le gambe davanti a noi e ci prepariamo per l'ultima posizione della sequenza, il piegamento in avanti da seduti – Paschimottanasana.
Con un'inspirazione solleviamo le braccia verso l'alto, allungando la schiena; espirando ruotiamo il bacino e ci incliniamo in avanti con il busto. Afferriamo gli alluci con le prime due dita della mano.
Inspirando stendiamo la schiena, guardando in avanti ed espirando abbassiamo il busto verso le gambe (fig. 10).

Importante: In questa posizione bisogna allungare il busto, portando il petto in avanti, quindi non inarcare la schiena cercando di portare la fronte alle ginocchia, non è questo l'obiettivo della posizione!

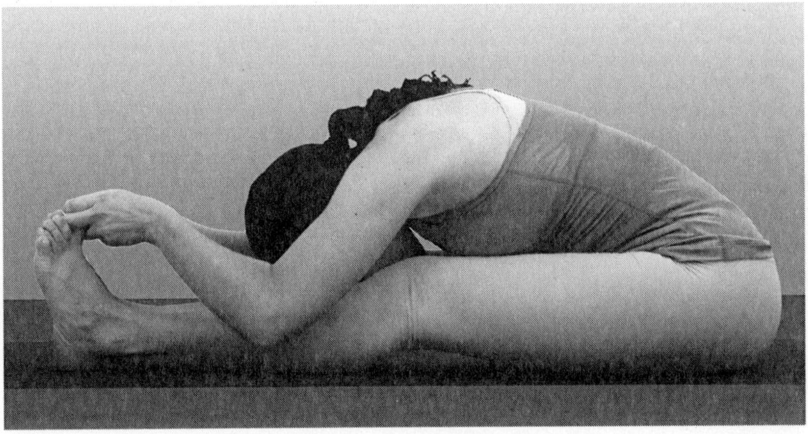

fig. 10

Modifica: Anche per questa posizione puoi usare una cintura yoga o un asciugamano per aiutarti.

Dopo cinque respirazioni, lasciamo le dita dei piedi e risaliamo, concludendo la sequenza.

Come toccarsi la punta dei piedi 2

Livello: medio
Tempo: 12 min
Focus: stretching delle gambe

In questa sequenza (fig. 11) continuiamo il lavoro di estensione per le nostre gambe, andando in particolare ad allungare i bicipiti femorali. Questo ci permette una maggior flessibilità e scioltezza nei piegamenti in avanti e in moltissime altre posizioni.
Per alcune posizioni di questa sequenza, potrebbe essere utile come supporto una cintura yoga oppure un asciugamano.

Trattandosi di posizioni di stretching profondo, è bene ricordarsi di eseguirle sempre dopo un adeguato riscaldamento e mai a freddo!

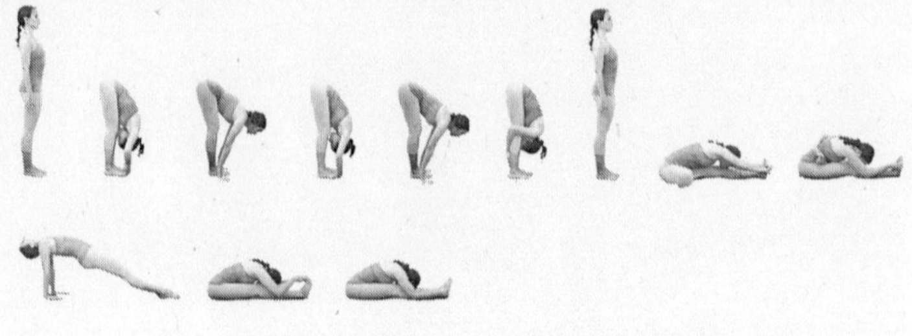

fig. 11

Iniziamo questa sequenza in piedi nella posizione della Montagna – Tadasana.
Qui apriamo i piedi alla distanza dei fianchi.

Inspirando solleviamo le braccia verso l'alto, allungando tutta la schiena; espirando scendiamo, ruotando il bacino in avanti e cercando di mantenere la stessa estensione della schiena. Con le prime due dita delle mani andiamo ad afferrare gli alluci. Inspirando torniamo a distendere la schiena ed espirando ci abbassiamo, avvicinando il viso alle ginocchia (figg. 12 e 13).

Modifica: Per afferrare gli alluci puoi piegare le ginocchia di quanto ti è necessario. Anche durante la posizione puoi continuare a mantenere le ginocchia piegate, ma non lasciare la presa delle dita.

Manteniamo questa posizione per cinque respirazioni e, ad ogni espirazione, contraiamo bene i muscoli addominali, creando più spazio nel nostro addome per approfondirla, ma senza molleggiare.

fig. 12

fig. 13

Dopo la quinta espirazione, lasciamo la presa delle dita e inspirando guardiamo davanti a noi, allungando bene la schiena.
Qui prendiamo il nostro tempo per mettere le mani con i palmi rivolti verso l'alto sotto i piedi, in modo che le dita dei piedi tocchino i polsi.

Modifica: È importante mettere tutta la mano sotto il piede, quindi ricorda che puoi piegare quanto ti è necessario le ginocchia.

Inspirando torniamo a stendere la schiena ed espirando ci abbassiamo, portando il viso verso le ginocchia e rimaniamo per cinque respirazioni (fig. 14).

Importante: Lascia cadere la testa verso il basso e allunga bene il collo, in modo da non trattenere nessuna tensione.

fig. 14

Dopo la quinta espirazione, togliamo le mani da sotto i piedi e inspirando torniamo a distendere la schiena, guardando di fronte a noi. Qui riportiamo i piedi uniti; portiamo gli avambracci dietro i polpacci, afferrando le caviglie con le mani, ed espirando ci riabbassiamo nuovamente. Restiamo nella posizione ancora per cinque respirazioni (fig. 15).

Modifica: Ricorda che in tutte queste posizioni puoi continuare a mantenere le ginocchia piegate.

fig. 15

Alla quinta espirazione, lasciamo andare la presa delle caviglie. Inspirando, distendiamo la schiena, guardando di fronte a noi ed espirando riportiamo le mani a terra. Con la seguente espirazione solleviamo le braccia verso l'alto, tornando in piedi, ed espirando abbassiamo le braccia e ci ritroviamo nella posizione della Montagna. Qui eseguiamo una sequenza di Vinyasa per portarci a terra (fig. 16).

fig. 16

Inspirando solleviamo le braccia verso l'alto, inarcando dolcemente la schiena all'indietro, espirando portiamo le mani a terra. Inspirando nuovamente, stendiamo la schiena guardando di fronte a noi e poggiando le mani a terra o sulle gambe; espirando ci riabbassiamo.
Facciamo un passo indietro o saltiamo per portarci nella posizione della Tavola. Ci abbassiamo a terra, mantenendo il corpo allineato in Chaturanga Dandasana. Inspirando ci solleviamo per la posizione del Cobra o del Cane a faccia in su; espirando, stendiamo le braccia e spingiamo il busto indietro con le mani e ci portiamo nella posizione del Cane a faccia in giù.
Qui portiamo le ginocchia a terra, incrociamo le caviglie e ci sediamo, stendendo le gambe di fronte a noi.
Ci prepariamo per eseguire la posizione del Ginocchio alla Fronte – Janu Sirsasana.
Manteniamo la gamba sinistra tesa di fronte a noi, con il piede flesso a 90° verso l'alto e i muscoli della gamba attivi. Pieghiamo il ginocchio destro e portiamo il piede destro verso l'interno coscia sinistro, formando tra le gambe un angolo di 90°.
Inspirando solleviamo le braccia verso l'alto ed espirando, ruotiamo bene il bacino in avanti e andiamo ad afferrare con le mani il piede sinistro o passiamo le mani sotto la base del piede e afferriamo il polso opposto.

Inspiriamo nuovamente stendendo la schiena ed espiriamo abbassandoci verso il ginocchio. Qui rimaniamo per cinque respirazioni (fig. 17).

Modifica: Per eseguire questa posizione puoi usare una cintura yoga o un asciugamano da passare intorno al piede e poi afferrarlo con entrambe le mani.

fig. 17

Dopo la quinta espirazione, inspirando risaliamo; cambiamo gamba, piegando la sinistra e stendendo la destra, ed eseguiamo Janu Sirsasana da questo lato.

Ristendiamo ora la gamba sinistra di fronte a noi. Pieghiamo la gamba destra, portando con le mani il ginocchio al petto. Poi afferriamo la caviglia destra e la mettiamo sulla gamba sinistra, come per la mezza posizione del Loto. Inspirando solleviamo il braccio destro in alto, estendendo al massimo il busto.
Espirando, passiamo il braccio dietro la schiena e andiamo ad agganciare con la mano il piede destro. La mano sinistra afferra esternamente il piede sinistro.
Inspirando profondamente, stendiamo la schiena. Espirando, scendiamo con il busto sulla gamba sinistra e rimaniamo per cinque respirazioni in Ardha Baddha Padma Paschimottanasana.

Modifica: Se la mano destra non raggiunge il piede destro, prendi la mano con il piede sinistro e afferra il gomito sinistro con la mano destra.

Al termine delle cinque respirazioni, lasciamo la presa e, inspirando, solleviamo il busto. Riportiamo davanti a noi la gamba destra e piegando la sinistra, facciamo la stessa posizione da questo lato (fig. 18).

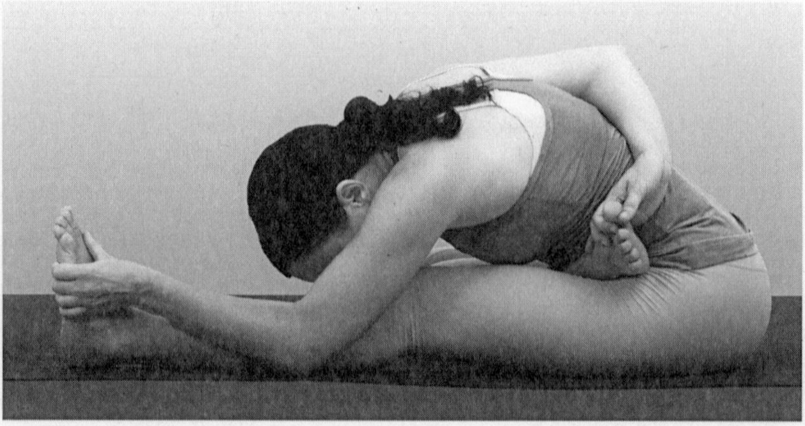

fig. 18

Una volta terminati entrambi i lati, stendiamo le gambe di fronte a noi e mettiamo le mani a terra con le dita rivolte in avanti, spostandole sul tappeto leggermente più indietro dei nostri fianchi.
Inspirando solleviamo il bacino, stendendo tutto il corpo e puntando i piedi per toccare terra con le dita. Facciamo forza con le braccia e contraiamo gli addominali per sostenere questa posizione e stirare bene le gambe. Manteniamo per cinque respirazioni profonde questa posizione, Purvottanasana (fig. 19).

Terminate le respirazioni, torniamo a sederci con le gambe distese di fronte a noi.
Ci prepariamo per l'ultima posizione della sequenza, il piegamento in avanti da seduti – Paschimottanasana.
Con un'inspirazione solleviamo le braccia verso l'alto, allungando la schiena; espirando ruotiamo il bacino e ci incliniamo in avanti con il busto. Afferriamo gli alluci con le prime due dita della mano.

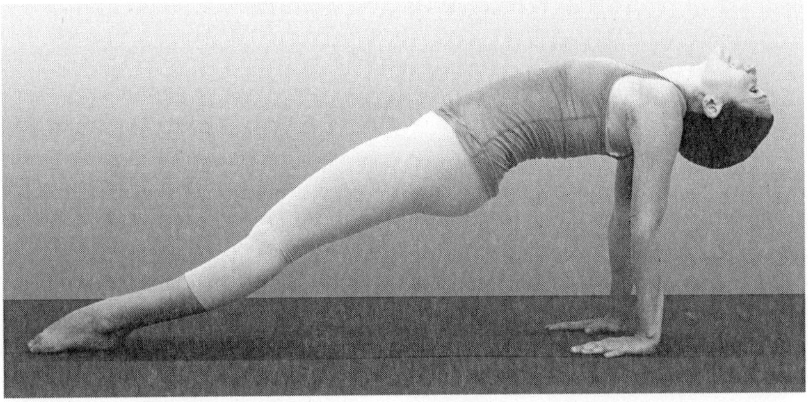

fig. 19

Inspirando stendiamo la schiena, guardando in avanti ed espirando abbassiamo il busto verso le gambe (fig. 20).

Importante: In questa posizione bisogna allungare il busto, portando il petto in avanti, quindi non inarcare la schiena cercando di portare la fronte alle ginocchia, non è questo l'obiettivo della posizione!

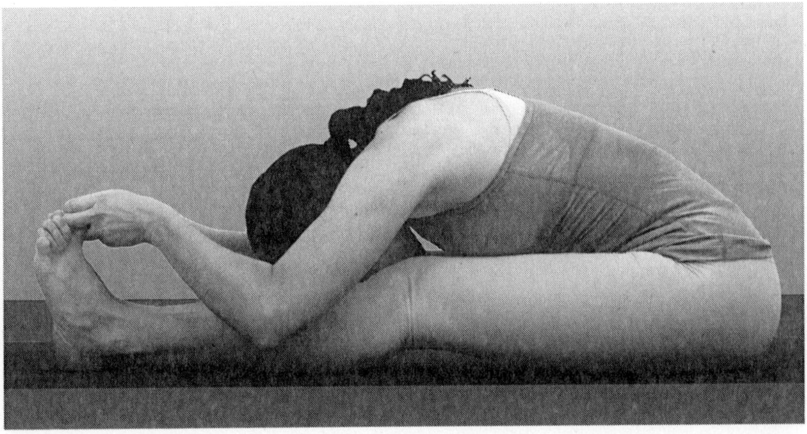

fig. 20

Dopo cinque respirazioni, lasciamo le dita dei piedi e risaliamo. Inspirando nuovamente solleviamo le braccia ed espirando ci abbassiamo, andando ad afferrare i piedi ai lati esterni, come se stessimo tenendo un libro aperto. Con la seguente inspirazione portiamo il busto alle gambe e rimaniamo per cinque respirazioni (fig. 21).

Modifica: Anche per Paschimottanasana puoi aiutarti, usando una corda yoga o un asciugamano, passandolo alla base dei piedi e afferrandolo con entrambe le mani.

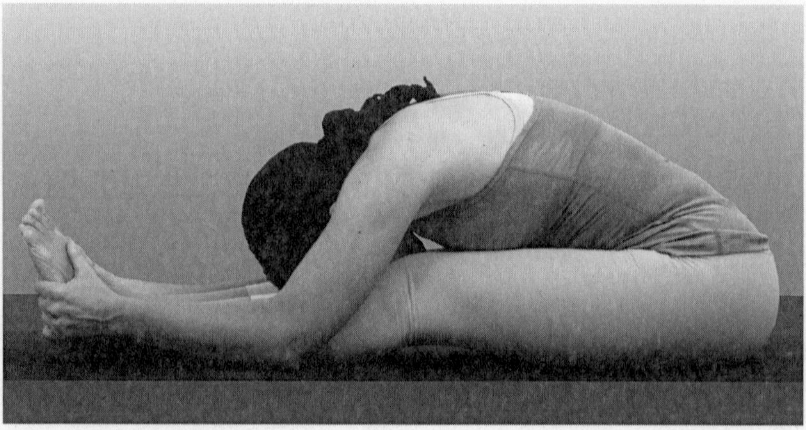

fig. 21

Dopo la quinta espirazione, lasciamo la presa dei piedi e, inspirando, risaliamo concludendo la sequenza.

Paschimottanasana, ovvero la posizione del piegamento in avanti da seduti, è un profondo stretching, che ci permette di allungare i bicipiti femorali, aumentando la nostra flessibilità.

I benefici di questa posizione sono:

- allungare i muscoli della schiena e delle spalle;
- allungare i bicipiti femorali;
- migliorare la digestione;
- calmare la mente.

Migliora flessibilità e postura della schiena

Livello: medio
Tempo: 15 min
Focus: rinforzare la schiena, aprire il petto

In questa sequenza (fig. 22) sono presentate diverse posizioni di flessione all'indietro. Questo tipo di movimenti ci aiuta ad aprire il petto e a rendere la spina dorsale più flessibile, rinforzando anche spalle e braccia. Queste posizioni inoltre danno energia e coraggio e aiutano a combattere stress e depressione.
Per alcune posizioni di questa sequenza, potrebbe essere utile come supporto una cintura yoga oppure un asciugamano.

Trattandosi di posizioni di stretching profondo, è bene ricordarsi di eseguirle sempre dopo un adeguato riscaldamento e mai a freddo!

Incominciamo questa sequenza sdraiandoci proni sul tappeto e ci prepariamo per la posizione della Locusta – Salabhasana.
Stendiamo le braccia lungo il corpo, appoggiando i palmi della mani a terra. Inspirando, incominciamo ad allungare i lati del busto, avvi-

fig. 22

cinando le spalle alle orecchie. Espirando, incominciamo a ruotare all'indietro le spalle e inspirando apriamo poco per volta il petto e lo solleviamo da terra. Nel contempo flettiamo in avanti le dita dei piedi e iniziamo a sollevare le gambe, attivando sia i quadricipiti che i glutei. Rimaniamo per due respirazioni nella posizione e poi ritorniamo a terra.
Ripetiamo nuovamente la posizione, ma questa volta intrecciamo le dita delle mani dietro la schiena. Portiamo le mani, con i palmi uniti, all'altezza della zona lombare; ripetiamo la medesima rotazione indietro delle spalle e con l'ultima inspirazione, sollevandoci, stendiamo dietro di noi le braccia (figg. 23 e 24).

Importante: In questa posizione, cerca se possibile di mantenere sempre i palmi delle mani uniti.

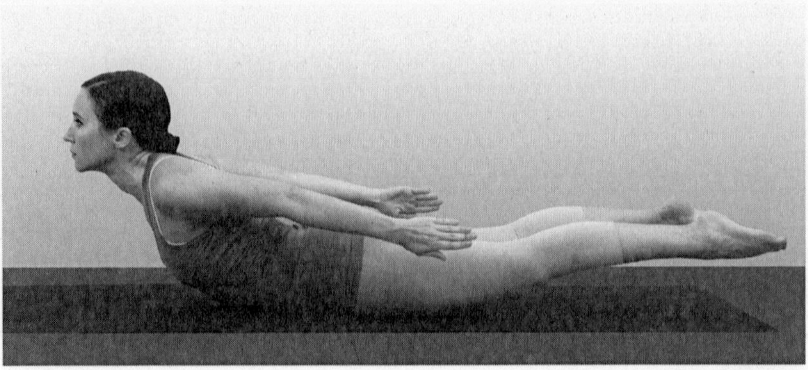

fig. 23

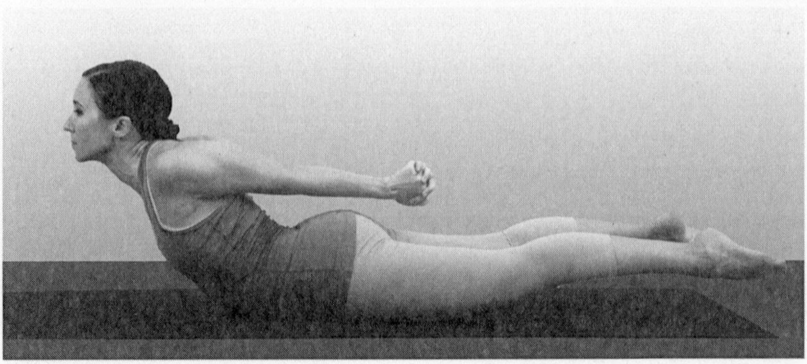

fig. 24

Ripetiamo una terza volta la posizione.

Torniamo a stenderci sul tappeto. Qui afferriamo le caviglie con le nostre mani e poco per volta avviciniamo i talloni ai glutei (fig. 25).

Modifica: Se non riesci ad afferrare le caviglie, usa una cintura yoga oppure un asciugamano per aiutarti.

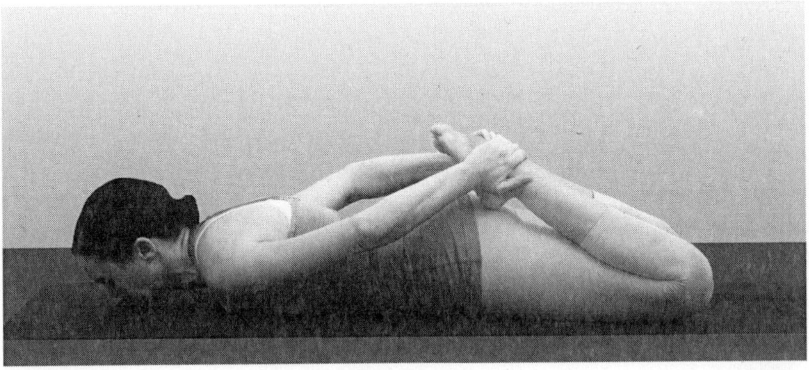

fig. 25

Dopo essere rimasti per alcune respirazioni in questa posizione ci prepariamo per la posizione dell'Arco – Dhanurasana.
Facciamo la stessa rotazione preparatoria che abbiamo fatto per la Locusta. Quindi inspirando, incominciamo ad allungare i lati del busto, avvicinando le spalle alle orecchie ed espirando, ruotiamo all'indietro le spalle.
Allontaniamo poco alla volta i piedi dai glutei e così facendo, seguendo la nostra inspirazione, solleviamo il busto da terra, entrando nella posizione. Guardiamo di fronte a noi e leggermente più in alto (fig. 26); restiamo nella posizione per cinque respirazioni.

Importante: La posizione dell'Arco è una flessione all'indietro molto profonda, quindi presta attenzione ai messaggi che ti lancia il tuo corpo per indicarti i suoi limiti.

Dopo le cinque respirazione, riportiamo busto e gambe a terra; mettiamo un orecchio al tappeto e ci riposiamo per un paio di respirazioni. Ripetiamo la posizione altre due volte.

fig. 26

Terminata la terza ripetizione, rimaniamo un attimo a terra con la testa voltata su un lato e gli alluci uniti, lasciando cadere lateralmente i talloni.
Poi portiamo le mani sotto le spalle e spingendole a terra, ci portiamo a sedere sui talloni nella posizione del Bambino – Balasana. Rimaniamo così per alcune respirazioni (fig. 27).

fig. 27

Poco per volta spostiamo le mani indietro e solleviamo il busto, sedendoci sui talloni. Ci prepariamo per fare la posizione del Cammello – Ustrasana.
Puntiamo le dita dei piedi a terra e ci solleviamo sulle ginocchia. Se vogliamo possiamo mettere un asciugamano o piegare il tappetino, per non sforzare troppo le ginocchia che premono a terra.
Prima di passare alla posizione completa, facciamo un esercizio preparatorio.
Mettiamo la mano sinistra sul fianco e solleviamo il braccio destro in alto. Inspirando, allunghiamo la colonna vertebrale verso l'alto ed, espirando, ci incliniamo leggermente indietro. Togliamo la mano sinistra dal fianco e la appoggiamo sul tallone sinistro. Rimaniamo per un paio di respirazioni in questa posizione (figg. 28 e 29).

fig. 28

fig. 29

Con un'inspirazione, ritorniamo in avanti e ci sediamo per un momento sui talloni. Facciamo la stessa cosa dall'altro lato.

Ora ci solleviamo nuovamente sulle ginocchia e appoggiamo le mani sulla zona lombare della schiena, con le dita rivolte verso l'alto. Inspirando, allunghiamo la colonna vertebrale verso l'alto ed, espirando, poco alla volta ci pieghiamo all'indietro, fino a quando riusciamo a portare le mani sopra i talloni. Qui inarchiamo bene la schiena, spingendo con il bacino in avanti (fig. 30). Rimaniamo nella posizione per cinque respirazione e poi inspirando torniamo su, spingendo in avanti con il bacino e ci rimettiamo a sedere.

Importante: Se le mani non raggiungono i talloni, continua a sostenere con le mani la parte lombare della schiena.

Ripetiamo un'altra volta la posizione e, se vogliamo, possiamo approfondirla portando il collo del piede a terra.

fig. 30

Con la posizione del **Cammello – Ustrasana** – facciamo una bellissima flessione all'indietro, andando ad aprire il petto e creando più spazio per il nostro cuore.

I benefici di questa posizione sono:

- rinforzare i muscoli della schiena;
- allungare tutta la parte frontale del corpo;
- allungare i flessori delle anche;
- migliorare la postura.

Terminata la posizione del Cammello, ci sediamo un attimo sui talloni, con il collo del piede a terra e ci fermiamo per un paio di respirazioni profonde.
Poi portiamo la mano sinistra sul ginocchio destro e la mano destra dietro la schiena. Inspirando, allunghiamo la colonna vertebrale ed espirando, contraiamo i muscoli addominali e facciamo una torsione, voltandoci a guardare oltre la spalla destra. La manteniamo per cinque respirazioni e poi la ripetiamo anche dall'altro lato (fig. 31).

Per concludere la sequenza, portiamo la fronte a terra e ci rilassiamo nella posizione del Bambino, Balasana.

fig. 31

Liberati dal passato, Svadhisthana chakra

Livello: medio
Tempo: 15 min
Focus: allungare e rinforzare i muscoli del bacino e dell'interno coscia

Il secondo dei sette chakra principali, Svadhisthana, è collocato nella zona del bacino e viene collegato agli organi genitali. Metaforicamente si relaziona al fluire e alla nostra capacità creativa.
Quello che succede spesso, in modo particolare alle donne, è di trattenere emozioni e tensioni proprio in questa zona, contraendo e bloccando i muscoli del bacino e dell'interno coscia.
Con questa sequenza di posizioni (fig. 32), vediamo quindi come lasciare andare vecchi pensieri del passato e far ricominciare a fluire la nostra creatività.
Per alcune posizioni potrebbe essere utile l'uso di una cintura yoga o di un asciugamano e di un blocco yoga.

Trattandosi di posizioni di stretching profondo, è bene ricordarsi di eseguirle sempre dopo un adeguato riscaldamento e mai a freddo!

Iniziamo la sequenza portandoci nella posizione del Cane a faccia in giù. Le mani sono appoggiate a terra con energia, le dita ben separate tra di loro; le braccia sono tese e forti; il collo è lungo e lo sguardo è rivolto verso l'ombelico.

fig. 32

Da qui, portiamo i piedi uniti e con un'inspirazione solleviamo verso l'alto la gamba destra. Ruotando ed aprendo il bacino verso destra, ci portiamo nella posizione del Cane a tre Zampe. Solleviamo la gamba il più possibile, senza spostarci in avanti con il busto, ma continuando a fare forza con le mani a terra, spingendo indietro (fig. 33).
Manteniamo la posizione per cinque respirazioni.
Poi pieghiamo il ginocchio destro e lasciamo cadere, sempre controllandolo, il piede destro dietro di noi verso il lato sinistro (fig. 34).
Manteniamo anche questa posizione per cinque respirazioni.

fig. 33

fig. 34

Dopo la quinta espirazione, inspirando nuovamente, chiudiamo il bacino, ruotandolo verso il basso. Espirando, portiamo il piede destro tra le mani, allineando la caviglia sotto il ginocchio.
Il tallone sinistro va a terra e allineiamo l'arco del piede sinistro con il tallone del piede destro.
Passiamo la mano destra internamente, vicino al piede destro e con un'inspirazione solleviamo il braccio sinistro verso l'alto, allineando in questo modo le due braccia. Rivolgiamo lo sguardo alla mano sinistra e manteniamo per cinque respirazioni questa posizione, Utthita Parsva Konasana (fig. 35).

Importante: Continua a mantenere la gamba davanti piegata a 90°!

fig. 35

Terminate le cinque respirazioni, inspirando profondamente allunghiamo ancora di più il braccio sinistro verso l'alto, aprendo bene il petto, ed espirando passiamo il braccio dietro la schiena. Portiamo il braccio destro sotto la gamba destra e agganciamo le due mani dietro la schiena, tornando a guardare verso l'alto, quindi allunghiamo bene la schiena per aprire i polmoni in una respirazione profonda (fig. 36). Manteniamo la posizione per cinque respirazioni.

fig. 36

Modifica: Se non riesci ad afferrare le mani dietro la schiena, aiutati con una cintura yoga o un asciugamano, prendendolo con entrambe le mani e stendendo bene schiena e petto.
Se invece riesci ad afferrare le mani, prova con la mano destra a prendere il polso sinistro.

Dopo le cinque respirazioni, torniamo a inspirare profondamente e con un'espirazione lenta stendiamo la gamba destra, continuando a mantenere la presa delle mani. Manteniamo per altre cinque respirazioni questa posizione del Triangolo con presa – Baddha Trikonasana (fig. 37).

fig. 37

Alla sesta inspirazione, lasciamo andare la presa e lentamente saliamo con il busto.
Pieghiamo nuovamente la gamba sinistra e ci portiamo nella seconda posizione del Guerriero, Virabhadrasana II.
Qui intrecciamo le braccia, passando il braccio destro sotto al sinistro, fino a toccare con le dita della mano destra il palmo della sinistra.
Ruotiamo a 45° in avanti il busto. Inspirando solleviamo le braccia e ci incliniamo leggermente indietro ed espirando portiamo il busto in avanti, senza appoggiarlo sulla gamba, per una variante della posizione del Guerriero Umile, Baddha Virabhadrasana (fig. 38).

Manteniamo la posizione per cinque respirazioni.

Importante: In questa posizione cerca di attivare bene i muscoli dell'interno coscia, puoi farlo immaginando di attirare i piedi l'uno verso l'altro.

Terminate le cinque respirazioni, sciogliamo le braccia portando le mani a terra.
Facciamo un passo indietro con il piede destro e ci prepariamo per eseguire la stessa sequenza dal lato sinistro.

fig. 38

Quando terminiamo l'ultima posizione della sequenza dal lato sinistro, portiamo le mani a terra, ruotiamo il piede sinistro, mettendolo parallelo al destro e poco per volta avviciniamo i piedi, fino a poterci abbassare con il bacino. I piedi rimangono aperti a 45° con le le dita rivolte all'infuori. Uniamo le mani di fronte al petto nella mudra della preghiera – Anjali Mudra – e spingiamo dolcemente indietro le ginocchia con i gomiti (fig. 39).

fig. 39

Modifica: Se non riesci a sederti perché i talloni rimangono sollevati da terra, piega il tappetino oppure metti un asciugamano sotto i talloni per facilitare la posizione.

Rimaniamo in questa posizione per almeno cinque respirazioni. Poi inspirando, stendiamo le gambe e ci riportiamo in piedi.
Qui eseguiamo una sequenza di Vinyasa per portarci a terra (fig. 40).

fig. 40

Inspirando solleviamo le braccia verso l'alto, inclinando dolcemente la schiena indietro, espirando portiamo le mani a terra. Inspirando nuovamente, stendiamo la schiena guardando di fronte a noi con le mani a terra o sulle gambe; espirando ci riabbassiamo.
Facciamo un passo indietro o saltiamo per portarci nella posizione della Tavola. Ci abbassiamo a terra, mantenendo il corpo allineato. Inspirando ci solleviamo per la posizione del Cobra o del Cane a faccia in su; espirando, stendiamo le braccia e spingendo il busto indietro con le mani ci portiamo nella posizione del Cane a faccia in giù.
Qui portiamo la mano destra vicino alla sinistra. Espirando facciamo un passo avanti con il piede destro, portandolo sul bordo del nostro tappeto, ruotato in fuori di 45°.
Riportiamo la mano destra sotto la spalla. Da qui abbassiamo l'avambraccio destro a terra e, se riusciamo ad appoggiarlo con facilità, portiamo anche il sinistro a terra; altrimenti rimaniamo sulle mani (figg. 41 e 42).

Modifica: Se hai difficoltà ad abbassare gli avambracci a terra, usa un blocco yoga per ridurre la distanza.

Questa posizione comporta uno stretching profondo e si può mantenere anche per 10 o quindici respirazioni.

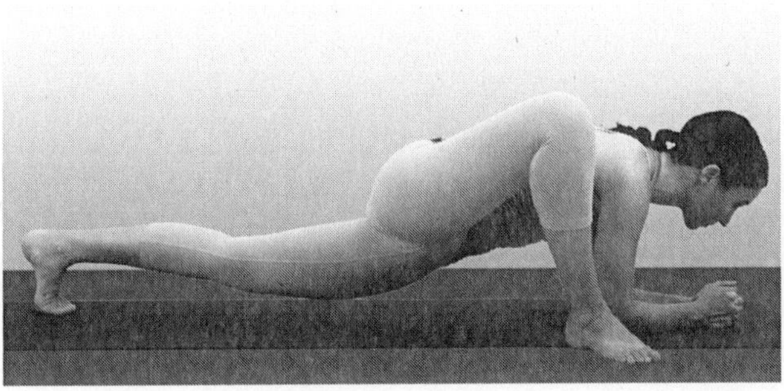

fig. 41

fig. 42

Risaliamo quindi sulle mani e facciamo un passo indietro con la gamba destra. Ci fermiamo per alcune respirazioni nella posizione del Cane a faccia in giù e quando siamo pronti, ripetiamo la posizione con la gamba sinistra.

Ritornando alla posizione del Cane a faccia in giù ci prepariamo per mettere le gambe nella posizione del Piccione Reale a una gamba – Eka Pada Rajakapotasana.
Inspiriamo profondamente e con un'espirazione portiamo in avanti la gamba destra, piegando il ginocchio a 90°. Appoggiamo la gamba al tappeto, mettendo il ginocchio dietro la mano destra e la caviglia dietro la sinistra, in modo da posizionare la tibia parallela al lato corto del tappeto (fig. 43).

fig. 43

Lentamente ci sediamo, mantenendo la gamba sinistra distesa dietro di noi e i fianchi paralleli.
Inspiriamo profondamente ed espirando, molto lentamente incominciamo a muovere le mani in avanti fino a portare il busto sulla gamba destra (fig. 44).
Manteniamo questa posizione dalle 10 alle 15 respirazioni.

Modifica: Se non ti è possibile portare la tibia parallela al lato corto del tappeto, piega di più il ginocchio e avvicina il piede al bacino.

fig. 44

Riavvicinando le mani, lentamente riportiamo il busto al centro; spingiamo le mani a terra, aperte alla distanza delle spalle, e ritorniamo nella posizione del Cane a faccia in giù.
Qui rimaniamo per alcune respirazioni e poi ci prepariamo a eseguire la stessa posizione dall'altro lato.

La posizione del **Piccione reale a una gamba – Eka Pada Rajakapotasana** – di cui qui vediamo solo la parte delle gambe, è un ottimo stretching per i muscoli più profondi dell'interno coscia e del bacino e, tra le altre cose, ci aiuta a prepararci per eseguire la posizione del Loto – Padmasana.

I benefici di questa posizione sono:

- allungare i muscoli delle gambe e dell'inguine;
- allungare lo psoas;
- distendere schiena, collo e spalle;
- stimolare gli organi addominali.

Terminate le respirazioni rialziamo il busto, invece di tornare nella posizione del Cane a faccia in giù, ci incliniamo leggermente sul lato sinistro e portiamo avanti la gamba destra.
Andiamo a sovrapporre le due gambe allineando una sopra l'altra le due tibie, ponendo le caviglie in linea con le ginocchia.
Qui inspirando profondamente, solleviamo le braccia verso l'alto, allungando la colonna vertebrale, ed espirando portiamo gli avambracci uniti a terra di fronte alle tibie. Qui rimaniamo per almeno cinque respirazioni.
Risalendo con il busto, ci sbilanciamo un po' indietro, in modo da avere lo spazio per cambiare l'incrocio delle gambe, portando la gamba destra a terra e la sinistra sopra di essa. Ci riportiamo con gli avambracci a terra con un'espirazione e rimaniamo per altri cinque respiri, concludendo la sequenza (figg. 45, 46 e 47).

Modifica: Se non ti è possibile portare le gambe una sopra l'altra, incomincia comunque incrociandole senza inclinarti in avanti con il busto.

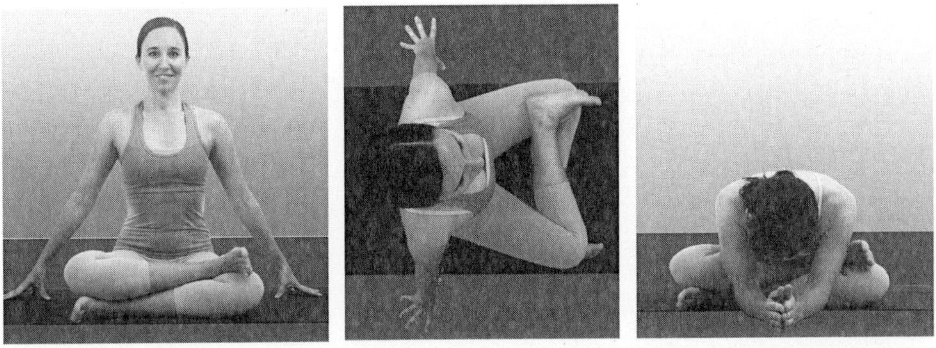

figg. 45, 46 e 47

Apri il tuo cuore, Anahata chakra

Livello: facile
Tempo: 10 min
Focus: estensione e apertura del busto

Tra i Chakra principali, ce n'è uno posizionato al centro del petto, all'altezza del cuore, chiamato Anahata Chakra. Questo centro energetico viene metaforicamente collegato alla nostra capacità di aprirci alla vita e con essa a tutto ciò che riguarda le relazioni con il mondo esterno.
Aprire il nostro cuore con queste posizioni (fig. 48), significa quindi aprirci alla comunicazione con gli altri e lasciare ai nostri sentimenti maggiore libertà di fluire ed esprimersi.
Per alcune posizioni potrebbe essere utile l'uso di una cintura yoga o di un asciugamano.

Trattandosi di posizioni di stretching profondo, è bene ricordarsi di eseguirle sempre dopo un adeguato riscaldamento e mai a freddo!

fig. 48

Per iniziare questa sequenza ci portiamo nella posizione del Cane a faccia in giù – Adho Mukha Svanasana.
Inspirando solleviamo leggermente la gamba destra ed espirando facciamo un grande passo in avanti, portando il piede tra le mani. Assicuriamoci che il ginocchio sia allineato con la caviglia, nel caso non lo fosse ci possiamo aiutare con la mano, afferrando la caviglia e spostando il piede in avanti. Il tallone sinistro rimane sollevato da terra e tutta la gamba è ben tesa e i muscoli attivi.
Con un'inspirazione profonda, solleviamo entrambe le braccia e il busto. Qui lasciamo scendere le braccia lateralmente, intrecciamo le dita delle mani dietro la schiena, unendo i palmi delle mani.
Inspirando profondamente allunghiamo i lati del busto verso l'alto, sollevando le spalle verso le orecchie e, espirando, ruotiamo indietro le spalle, apriamo il petto e poco per volta ci pieghiamo indietro, stendendo le braccia (figg. 49 e 50).
Manteniamo la posizione per cinque respirazioni.

fig. 49

fig. 50

Importante: Per aiutarti nel mantenere l'equilibrio in questa posizione, fissa il tuo sguardo in un punto e concentrati su di esso.

Con la sesta inspirazione, lasciamo andare la presa delle mani ed espirando torniamo in avanti con il busto. Inspirando nuovamente solleviamo le braccia verso l'alto ed espirando, riportiamo le mani a terra.

Facciamo un passo indietro con la gamba destra e ci portiamo nella posizione della Tavola. Qui uniamo i piedi e ruotiamo verso destra, andando a mettere il lato esterno del piede destro a terra. Con il piede sinistro facciamo un passo indietro. Inspirando solleviamo il braccio sinistro, lasciandolo cadere oltre la nostra testa e, facendo forza con il piede sinistro a terra, spingiamo il bacino verso l'alto, inarcando la schiena e aprendo il petto (figg. 51 e 52). Manteniamo la posizione per cinque respirazioni.

fig. 51

fig. 52

Alla sesta inspirazione, ruotiamo con controllo riportandoci nella posizione della Tavola ed espirando ci spingiamo indietro con le mani per tornare alla posizione del Cane a faccia in giù.
Qui rimaniamo per alcune respirazioni e ci prepariamo a eseguire la stessa sequenza con la gamba sinistra.

Una volta terminata la sequenza dal lato sinistro, saltiamo o camminiamo per portare entrambi i piedi tra le mani in Uttanasana. Inspirando profondamente e mantenendo il mento rivolto al petto, torniamo lentamente in piedi.
Ci prepariamo quindi per eseguire l'ultima posizione della sequenza: la posizione del Signore della danza – Natarajasana.
Portiamo la mano sinistra al fianco e lasciamo il braccio destro disteso lungo il corpo. Ruotiamo la mano destra, rivolgendo esternamente il palmo della mano. Solleviamo il piede destro, mantenendo il ginocchio vicino a quello sinistro, e afferriamo con la mano destra la parte interna del piede destro. Stendiamo verso l'alto il braccio sinistro.
Con una profonda inspirazione, solleviamo verso l'alto la gamba de-

stra, guidandola con la mano, e allo stesso tempo inarchiamo la schiena e apriamo il petto (fig. 53).

Importante: Rivolgi lo sguardo verso l'alto, in modo da guidare in quella direzione tutto il movimento del corpo.

Manteniamo la posizione per cinque respirazioni e poi gentilmente lasciamo andare la presa, riportando il piede a terra.

fig. 53

Modifica: Se ti risulta difficile sollevare la gamba, prova a passare una cintura yoga sul collo del piede e afferrala con la mano che deve sollevare il piede.

Prima di eseguire la posizione dall'altro lato facciamo una flessione in avanti, per bilanciare la flessione all'indietro appena fatta. Rimanendo in piedi portiamo il mento al petto, ruotiamo in avanti le spalle e inarchiamo leggermente la schiena, senza ruotare il bacino.
Ora eseguiamo la posizione del Signore della Danza dall'altro lato e concludiamo così la sequenza.

La posizione del **Signore della Danza – Natarajasana** – è dedicata alla divinità Indù Shiva.

I benefici di questa posizione sono:

- tonificare e allungare i muscoli delle gambe e del bacino;
- allungare i flessori dell'anca;
- espandere il busto e la parte frontale del corpo;
- migliorare la mobilità delle spalle;
- aumentare la capacità di equilibrio e concentrazione.

Stretching per corridori

Livello: facile
Tempo: 10 min
Focus: estensione dei muscoli delle gambe

Per chi pratica la corsa è importantissimo mantenere i muscoli in salute, per questo è consigliabile fare degli esercizi mirati di stretching dopo ogni sessione di allenamento.
In questa sequenza, vediamo alcune semplici posizioni per estendere non solo i quadricipiti, ma anche muscoli più profondi come lo psoas (fig. 54).

fig. 54

Iniziamo a terra con una posizione che ci aiuta a calmare il battito del cuore e iniziare ad allungare dolcemente i muscoli dell'interno coscia. Ci mettiamo con le ginocchia a terra, uniamo gli alluci e separiamo le ginocchia alla larghezza del tappetino. Avviciniamo la fronte a terra – possiamo anche appoggiarla su di un asciugamano – e mettiamo gli avambracci a terra, con i gomiti aperti lateralmente (fig. 55).

fig. 55

Rimaniamo in questa posizione per almeno 10 respirazioni e se vogliamo possiamo anche chiudere gli occhi per rilassarci di più.

Da qui solleviamo la fronte da terra e allunghiamo le braccia davanti a noi, allungando bene anche la schiena.
Inspirando solleviamo il busto e portiamo le ginocchia allineate sotto le anche. Facciamo un passo avanti con il piede destro portandolo leggermente più avanti delle mani.
Mettiamo ora entrambe le mani sul ginocchio destro e inspirando solleviamo il busto.
Con la seguente inspirazione, apriamo bene il petto, allungando la schiena verso l'alto, ed espirando spostiamo il bacino in avanti, abbassandoci in questa posizione, che manteniamo per cinque respirazioni (figg. 56 e 57).
Poi solleviamo le braccia, piegando i gomiti a 90°. Inspirando estendiamo verso l'alto la colonna vertebrale ed espirando inarchiamo poco per volta la schiena, piegandoci indietro e rimanendo qui per cinque respirazioni.

fig. 56

fig. 57

Con un'inspirazione torniamo al centro e mettiamo le mani a terra. Spostando le mani leggermente indietro, stendiamo la gamba destra di fronte a noi e ci pieghiamo leggermente in avanti col busto, allungando così tutta la parte posteriore della gamba.
Manteniamo questa posizione per cinque respirazioni e poi muoviamo le mani in avanti, portandole ai lati del piede destro. Pieghiamo a 90° la gamba destra e stendiamo la sinistra fermandoci qui per cinque respirazioni (figg. 58 e 59).

Modifica: Se le mani non toccano terra puoi rimanere sui polpastrelli e usare un blocco yoga per accorciare la distanza.

fig. 58

fig. 59

Poi portiamo a terra il ginocchio sinistro, facciamo un passo indietro con la gamba destra, riportando anche il ginocchio destro a terra. Portiamo in avanti il piede sinistro e ripetiamo la stessa sequenza con questo piede.

Terminata la sequenza dal lato sinistro ci sediamo. Mettiamo i piedi a terra, aperti alla distanza delle anche e ci sdraiamo con la schiena a terra.
Qui portiamo la caviglia destra sulla gamba sinistra, passiamo le mani intorno alla gamba sinistra e intrecciamo le dita delle mani appena sotto il ginocchio.
Con un'espirazione, dolcemente attiriamo la gamba verso il petto, mantenendo il piede sinistro flesso e attivo. Rimaniamo nella posizione per almeno cinque respirazioni e poi la ripetiamo con l'altra gamba (fig. 60).

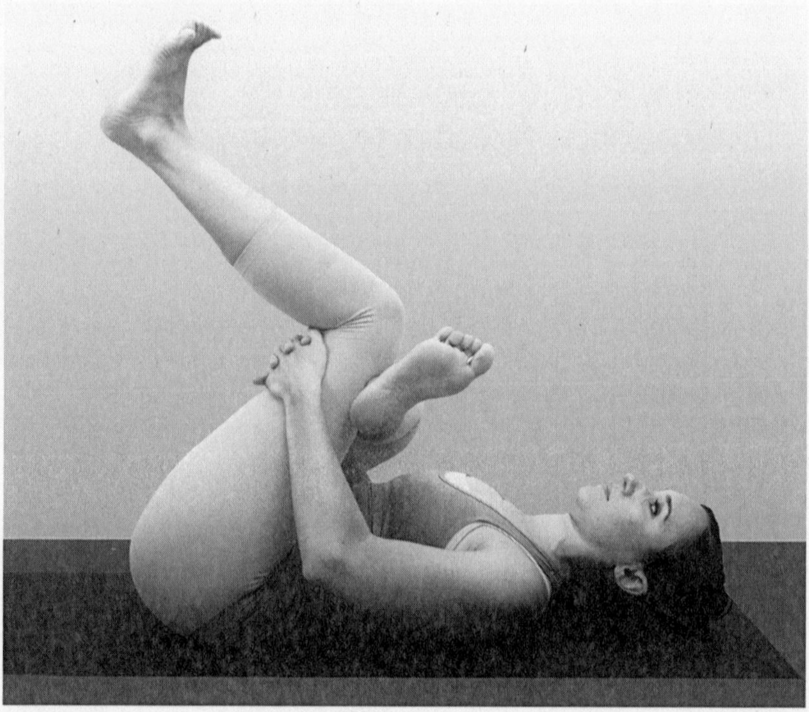

fig. 60

Siediti in meditazione, la posizione del Loto

Livello: medio
Tempo: 12 min
Focus: estensione muscoli delle gambe e del bacino

La posizione del Loto è sicuramente la più conosciuta e non solo nell'ambito dello Yoga. Infatti tutta la pratica degli Asana ha come fine quello di riuscire a sedere in meditazione senza essere disturbati da dolori o fastidi fisici; per questo motivo la pratica della posizione del Loto è fondamentale nello studio dello Yoga.
Anche se all'apparenza potrebbe sembrare una posizione semplice, in realtà presuppone un buon grado di flessibilità: in questa sequenza lavoreremo quindi per distendere i muscoli delle gambe e del bacino (fig. 61). Per alcune posizioni potrebbe essere utile l'uso di una cintura yoga o di un asciugamano.

Trattandosi di posizioni di stretching profondo, è bene ricordarsi di eseguirle sempre dopo un adeguato riscaldamento e mai a freddo!

Iniziamo la sequenza a terra, portando gli alluci uniti e separando le ginocchia alla larghezza del tappetino. Avviciniamo la fronte a terra – possiamo anche appoggiarla su di un asciugamano – e mettiamo gli avambracci a terra, con i gomiti aperti lateralmente.
Rimaniamo in questa posizione per almeno 10 respirazioni e se vogliamo possiamo anche chiudere gli occhi per rilassarci di più (figg. 62 e 63).

fig. 61

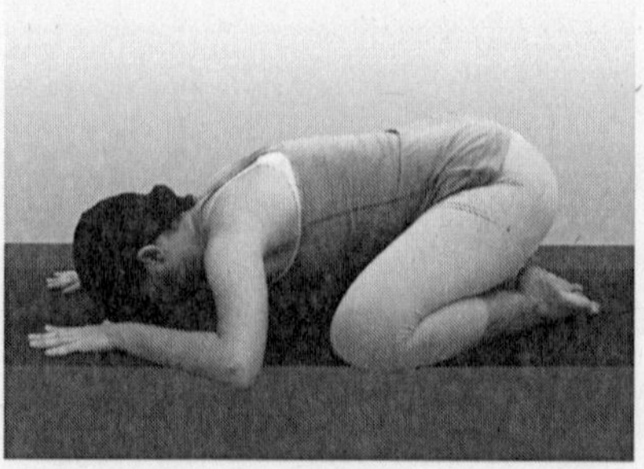

fig. 62

fig. 63

Con un'inspirazione ci solleviamo sulle ginocchia, che riportiamo sotto le anche, spostiamo leggermente più avanti le mani e con la seguente inspirazione, stendiamo le gambe e ci portiamo nella posizione del Cane a faccia in giù – Adho Mukha Svanasana.
Inspirando solleviamo leggermente la gamba sinistra, guardiamo tra le mani, ed espirando portiamo il piede sinistro tra le mani. Ruotiamo il piede sinistro portandolo parallelo al destro e spostiamo le mani per portarle tra i piedi. Ci prepariamo a eseguire Prasarita Padottanasana. Con la seguente inspirazione, apriamo lateralmente le braccia solevandole insieme al busto, espirando portiamo le mani unite di fronte al petto nella mudra della preghiera – Anjali Mudra. Inspirando nuovamente solleviamo le braccia, allungando la colonna vertebrale verso l'alto ed espirando portiamo il busto in avanti mantenendo la stessa estensione nella schiena. Con le prime due dita delle mani agganciamo gli alluci dei piedi e pieghiamo i gomiti in fuori. Manteniamo Prasarita Padottanasana D per cinque respirazioni (fig. 64).

Importante: In questa posizione non è fondamentale toccare terra con la testa, quanto mantenere la schiena dritta, senza inarcarla.

fig. 64

Dopo cinque respirazioni, lasciamo la presa con le mani e inspirando ci solleviamo nuovamente.
Qui portiamo le braccia dietro la schiena e incrociamo le dita delle mani, unendo i palmi. Inspirando, stendiamo la schiena verso l'alto, avvicinando le spalle alle orecchie. Con l'espirazione ruotiamo all'indietro le spalle, aprendo il petto, e ci incliniamo in avanti. Manteniamo Prasarita Padottanasana C per cinque respirazioni.
Lasciamo la presa delle mani, che riportiamo a terra. Inspirando, stendiamo le braccia, allunghiamo la schiena e guardiamo davanti a noi. Espirando, ruotiamo le dita delle mani indietro e spostiamo le mani il più indietro possibile, allungando le braccia. Manteniamo Prasarita Padottanasana A per cinque respirazioni (figg. 65 e 66).

Riportiamo poi le mani in avanti e le spostiamo verso il piede destro. Pieghiamo la gamba destra, se possibile sedendoci e allunghiamo la sinistra. Portiamo le mani unite di fronte al petto nella mudra della pre-

fig. 65

fig. 66

ghiera – Anjali Mudra. Inspirando, ci solleviamo stendendo la gamba destra ed espirando ci sediamo piegando questa volta la sinistra. Ripetiamo questo movimento tre volte per lato (fig. 67).

fig. 67

Ci riportiamo al centro, mettiamo le mani a terra e avviciniamo tra di loro i piedi a una distanza che ci permetta di abbassare il bacino. I piedi sono ruotati a 45°, con le punte rivolte verso l'esterno.

Qui abbassiamo la mano destra a terra, portando la spalla destra alla stessa altezza del ginocchio destro. Inspirando solleviamo il braccio sinistro, estendendo il busto e guardando verso l'alto. Espirando passiamo il braccio sinistro dietro la schiena e il braccio destro intorno alla gamba destra, in modo da agganciare le mani dietro la schiena. Con la seguente inspirazione, apriamo il petto e torniamo a guardare verso l'alto, mantenendo per cinque respirazioni la posizione (figg. 68 e 69).

Modifica: Se non riesci ad afferrare la mani dietro la schiena, usa una cintura o un asciugamano per aiutarti, prendendolo con entrambe le mani.

Dopo le cinque respirazioni, ripetiamo la stessa posizione dal lato sinistro.

fig. 68

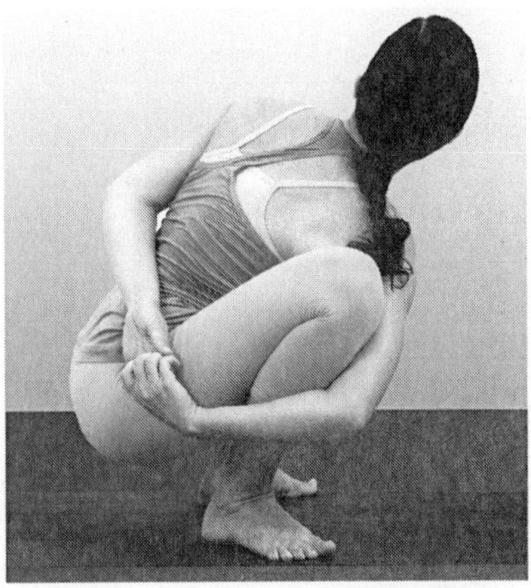

fig. 69

Ci sediamo a terra e stendiamo la gamba sinistra di fronte a noi. Pieghiamo il ginocchio destro e abbracciamo la tibia mettendo il ginocchio destro nell'incavo del gomito destro e il piede nell'incavo del gomito sinistro. Qui dolcemente avviciniamo la gamba al petto, quanto ci è possibile, e iniziamo a fare dei movimenti molto lenti da destra a sinistra, come a voler cullare la gamba (fig. 70).

Dopo aver mantenuto la posizione per almeno 10 respirazioni, appoggiamo e stendiamo a terra la gamba destra per ripetere la stessa posizione con la sinistra.

fig. 70

Stendiamo entrambe le gambe davanti a noi. Poi pieghiamo la gamba destra e, afferrando la caviglia con la mano sinistra, la posizioniamo sulla gamba sinistra appena sopra il ginocchio. Mettiamo entrambe le mani a terra, con le dita rivolte indietro, e le facciamo scorrere indietro al di là dei fianchi. Ci incliniamo leggermente indietro con il busto in modo tale da avere lo spazio per portare il piede sinistro a terra. Facciamo forza sulle mani e stendiamo il busto, avvicinando gentilmente il petto alla gamba destra. Manteniamo questa posizione per almeno cinque respirazioni profonde (fig. 71).

Stendiamo di nuovo la gamba sinistra a terra e, afferrando la caviglia destra con la mano, riportiamo il piede destro a terra.
Ripetiamo la stessa posizione, piegando questa volta la gamba sinistra.

Seduti con le gambe distese di fronte a noi, ci prepariamo ora per eseguire la posizione del Ciabattino – Baddha Konasana.
Pieghiamo entrambe le ginocchia, unendo i piedi e portando i talloni vicini al bacino. Afferriamo i piedi esternamente con entrambe le mani e lasciamo cadere lateralmente le ginocchia.

fig. 71

Modifica: Per facilitare la posizione puoi sederti su di un asciugamano piegato, in modo tale da sollevare il bacino e rendere più fluida l'apertura delle gambe.

Inspirando stendiamo bene la schiena; espirando, manteniamo l'estensione della colonna vertebrale e portiamo solamente il mento al petto. Rimaniamo nella posizione per cinque respirazioni (figg. 72 e 73).

Con la nuova inspirazione, solleviamo nuovamente il mento, allargando il petto. Espirando, lentamente ci incliniamo in avanti portando il viso a terra.

Importante: Se non arrivi a terra, non forzare il movimento inarcando la schiena! Rimani dove sei e aiutati con la respirazione, trovando lo spazio per abbassarti poco per volta dopo ogni espirazione.

Manteniamo la posizione per cinque respirazioni, dopodiché risaliamo con una nuova inspirazione.

fig. 72

fig. 73

La posizione del **Ciabattino**, letteralmente posizione legata ad angolo – **Baddha Konasana** – è una profonda apertura per i muscoli del bacino e dell'inguine.

I benefici di questa posizione sono:

- allungare i muscoli dell'interno coscia e dell'inguine;
- stimolare gli organi addominali;
- migliorare la circolazione;
- calmare e rilassare la mente.

Riportiamo le gambe distese davanti a noi e ci prepariamo per la posizione del Loto – Padmasana.
Afferriamo con la mano sinistra la caviglia destra e la portiamo sopra la coscia sinistra; poi prendiamo la caviglia sinistra e la portiamo sopra la gamba destra. Cerchiamo di avvicinare tra di loro le ginocchia (fig. 74).

Modifica: Se non ti è possibile sovrapporre anche la gamba sinistra, incomincia con la mezza posizione del Loto, sovrapponendo solo una gamba alla volta.

In questa posizione possiamo fermarci per la meditazione, portando le mani sulle ginocchia con le dita piegate a formare una mudra, ovvero un gesto simbolico che ci aiuti a mantenere la concentrazione. Possiamo ad esempio, rivolgere i palmi delle mani verso l'alto, ap-

fig. 74

poggiando il dorso sulle ginocchia, e unire la punta dell'indice e del pollice.

Se la posizione del Loto risulta già confortevole la si può approfondire, unendo anche la posizione delle mani per portarsi in Baddha Padmasana e in Yoga Mudra.
Inspirando, solleviamo il braccio destro verso l'alto, estendendo il più possibile la colonna vertebrale. Espirando passiamo il braccio destro dietro la schiena e andiamo ad afferrare con la mano le dita del piede destro. Con la nuova inspirazione ci stendiamo nuovamente per trovare spazio, espirando, passiamo dietro la schiena anche il braccio sinistro e agganciamo con la mano il piede sinistro.
Inspirando, raddrizziamo la schiena ed, espirando, portiamo il mento al petto, mantenendo la colonna vertebrale estesa. Rimaniamo per cinque respirazioni in Baddha Padmasana. Con la nuova inspirazione solleviamo il mento e con l'espirazione abbassiamo il viso a terra, mantenendo per cinque respirazioni Yoga Mudra (figg. 75 e 76).

fig. 75

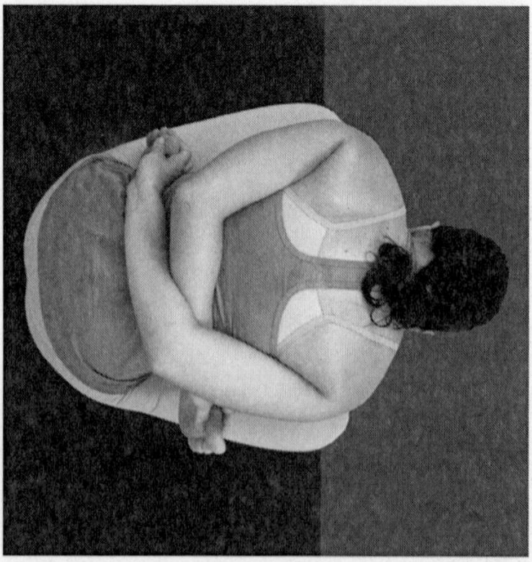

fig. 76

La posizione del **Loto – Padmasana** – è uno dei simboli della pratica dell'Hatha Yoga e anche se apparentemente molto semplice, richiede preparazione e costanza nella pratica.

I benefici di questa posizione sono:

- allungare i muscoli del bacino;
- dare forza e flessibilità a caviglie e ginocchia;
- calmare e tranquillizzare la mente.

Sequenze
{Equilibrio}

Aumenta la capacità di concentrazione

Livello: facile
Tempo: 6 min
Focus: equilibrio sulle gambe

Le posizioni di equilibrio sulle gambe ci permettono di comprendere quanto sia importante saper controllare il flusso dei pensieri. Infatti oltre all'allineamento del corpo, per fare queste posizioni è necessario focalizzare la mente, fermandone il costante lavorio, e concentrarsi sul momento presente.
Queste posizioni sono quindi un bellissimo "allenamento" anche per la psiche e i loro benefici si mostrano nella vita di tutti i giorni.
Un altro aspetto fondamentale delle posizioni di equilibrio è il Drishti. In sanscrito questa parola indica la tecnica usata per mantenere una posizione (non necessariamente di equilibrio) e consiste nel fissare lo sguardo e l'attenzione su di un punto per tutta la durata della pratica, in questo modo si può mantenere l'equilibrio senza alcuno sforzo.

Iniziamo questa sequenza in piedi nella posizione della Montagna – Tadasana (fig. 1).

fig. 1

I piedi sono uniti e ben radicati a terra, la schiena è dritta e le spalle sono rilassate.
Portiamo entrambe le mani ai fianchi. Apriamo lateralmente la gamba destra e puntiamo il piede destro. Inspirando, pieghiamo il ginocchio sinistro e con l'espirazione accavalliamo la gamba destra sulla sinistra. Se ci è possibile incrociamo le gambe in modo tale da andare ad agganciare il polpaccio sinistro con il piede destro.
Apriamo le braccia lateralmente, inspiriamo profondamente e con l'espirazione intrecciamo anche le braccia, mettendo sotto il braccio destro e, se possibile, toccando il palmo della mano sinistra con le dita della mano destra.
Con la seguente espirazione ci sediamo nella posizione mantenendo la schiena dritta e rimaniamo per cinque respirazioni in quella che viene chiamata la posizione dell'Aquila – Garudasana (figg. 2 e 3).

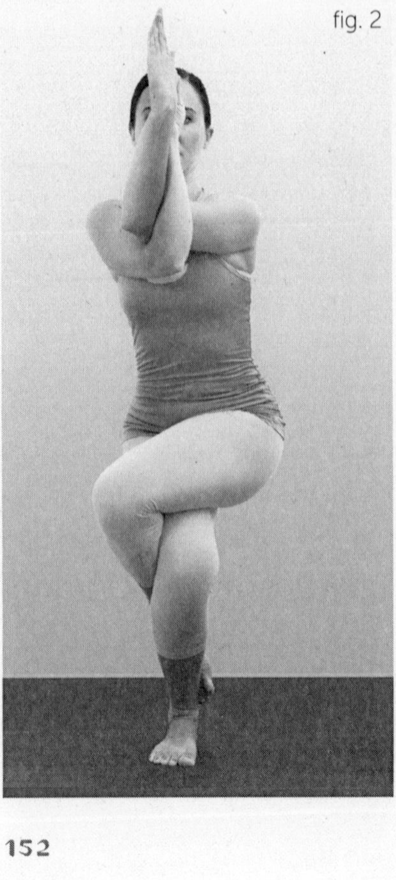
fig. 2

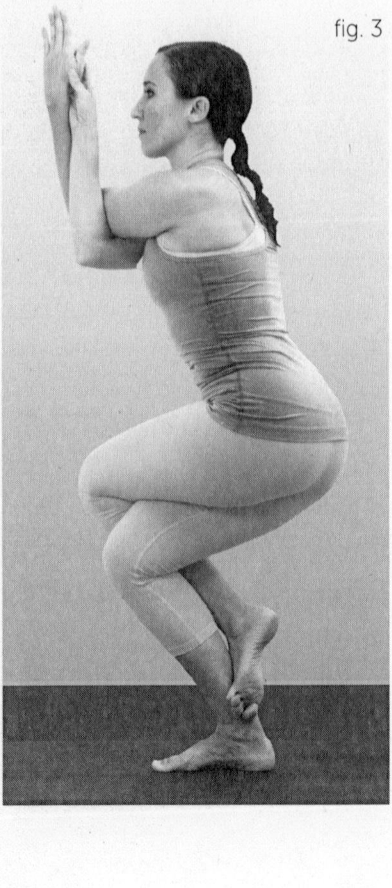
fig. 3

La posizione dell'**Aquila – Garudasana** – oltre a migliorare il nostro equilibrio è un esercizio completo per tutto il corpo.

I benefici di questa posizione sono:

- rinforzare e allungare i muscoli delle gambe;
- estendere i muscoli della schiena;
- aumentare la mobilità delle spalle;
- migliorare il senso di equilibrio e la capacità di concentrazione.

Inspirando, stendiamo le gambe, ma manteniamo le braccia intrecciate. Allunghiamo la gamba sinistra senza appoggiare la destra a terra. Espirando, incominciamo a muovere in avanti il busto, fino a portarlo parallelo a terra e stendiamo la gamba destra indietro, allineandola con il busto. Manteniamo il bacino il più possibile parallelo a terra. Quando siamo sicuri del nostro equilibrio, allunghiamo le braccia oltre la nostra testa per entrare nella terza posizione del Guerriero – Virabhadrasana III (fig. 4).

fig. 4

Importante: Contrai bene i muscoli addominali per sostenere il peso del busto e non inclinarti eccessivamente in avanti.

Manteniamo questa posizione per cinque respirazioni profonde e poi inspirando ci riportiamo in piedi nella posizione della Montagna – Tadasana.

La terza posizione del **Guerriero – Virabhadrasana III** – è, a differenza delle prime due, una posizione di equilibrio. Anche in questa però abbiamo un elemento di forza e radicamento a terra con la gamba e un elemento di leggerezza ed estensione in tutto il resto del corpo.

I benefici di questa posizione sono:

- rinforzare gambe, glutei, braccia e schiena;
- tonificare gli addominali;
- migliorare il senso di equilibrio e la capacità di concentrazione.

Una volta in piedi, ripetiamo le due posizioni (Garudasana e Virabhadrasana III) con la gamba sinistra.

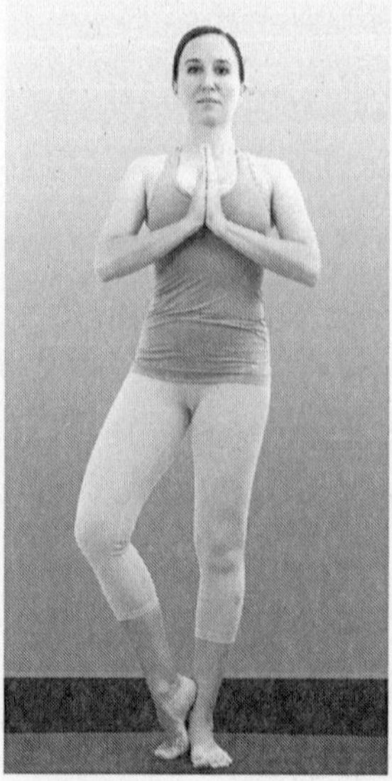

figg. 5, 6 e 7

Ci riportiamo in piedi nella posizione della Montagna – Tadasana – e ci prepariamo per l'ultima posizione della sequenza: la posizione dell'Albero – Vrksasana.
Portiamo le mani ai fianchi e spostiamo leggermente il peso del corpo sul piede sinistro. Solleviamo il piede destro e lo appoggiamo nell'interno coscia della gamba sinistra. Portiamo prima le mani unite di fronte al petto, per trovare il giusto equilibrio, e poi le solleviamo piegando le dita in una mudra, possiamo ad esempio unire la punta dell'indice e del pollice, lasciando stese le altre dita.

Modifica: Se il piede non arriva all'interno coscia puoi appoggiarlo sulla caviglia o sul polpaccio, ma non sul ginocchio!

Manteniamo la posizione per almeno 5 respirazioni e poi cambiamo gamba concludendo la sequenza (figg. 5, 6 e 7).

La posizione dell'**Albero – Vrksasana –** è sicuramente una delle posizioni che, con la sua leggerezza e semplicità ci permette meglio di studiare il nostro senso dell'equilibrio.

I benefici di questa posizione sono:

- rinforzare i muscoli di gambe e schiena;
- allungare i muscoli del busto;
- migliorare il senso di equilibrio e la capacità di concentrazione.

Forza ed equilibrio sulle braccia

Livello: avanzato
Tempo: 6 min
Focus: equilibrio sulle braccia

Le tre posizioni che vedremo in questa sequenza (fig. 8) servono a capire come stare in equilibrio, portando tutto il peso del corpo sulle mani. In verità è importantissimo capire che più che utilizzare la forza delle braccia, per eseguire al meglio queste posizioni è necessario usare i muscoli addominali. Inoltre in queste posizioni, ancor più che in tutte le altre, dobbiamo coordinare il respiro con il movimento, per aiutare la contrazione dei muscoli dell'addome e quindi riuscire in un'esecuzione più fluida degli Asana.

Iniziamo questa sequenza seduti a terra, preparandoci per fare la posizione del Corvo – Bakasana.

fig. 8

Mettiamo le mani a terra, aperte alla distanza delle spalle e con le dita ben separate tra di loro. Le mani sono la nostra base, quindi assicuriamoci che siano ben radicate a terra. Solleviamo il bacino in modo

tale da poter appoggiare le ginocchia sulle braccia, il più vicino possibile all'incavo dell'ascella.
Qui inspiriamo profondamente e con l'espirazione, contraiamo profondamente i muscoli addominali e ci incliniamo in avanti sollevando i piedi da terra. Le ginocchia si appoggiano sulle braccia e i gomiti si piegano indietro (fig. 9).

fig. 9

Importante: Per equilibrare con la testa il peso del corpo, rivolgi lo sguardo a terra. Immagina di disegnare un triangolo sul pavimento, poggia le mani alla base e fissa lo sguardo sul vertice superiore. Non guardare indietro verso i piedi perché in questo modo sbilanceresti il peso in avanti.

Modifica: Per le prime prove puoi mettere un blocco yoga, i "mattoncini" di espanso o di legno che si usano per modificare le posizioni, o un asciu-

gamano piegato sul tappeto sotto la testa, per attutire un'eventuale caduta.

La posizione del **Corvo**, a volte tradotta anche come posizione della **Gru – Bakasana** – è un ottimo modo per prendere confidenza con le posizioni di equilibrio sulle mani. Può essere eseguita a vari livelli, ad esempio anche piegando molto i gomiti per appoggiare meglio le braccia, il che la rende accessibile a tutti i livelli di pratica.

I benefici di questa posizione sono:

- tonificare i muscoli addominali;
- rinforzare i muscoli di braccia e spalle;
- aumentare il senso dell'equilibrio.

Una volta terminata Bakasana, ci sediamo a terra e stendiamo le gambe di fronte a noi.
Qui afferriamo l'esterno del piede destro con la mano destra, solleviamo la tibia parallela a terra. Inspirando muoviamo la gamba in avanti, allontanando il piede; espirando, avviciniamo il piede, cercando di toccare la spalla destra con il ginocchio. Ripetiamo alcune volte questo movimento per sciogliere l'articolazione del bacino.
Appoggiamo poi il polpaccio sul braccio, al di sopra del gomito e riportiamo la mano destra a terra. Le mani sono entrambe a terra aperte alla distanza delle spalle o leggermente più larghe.
Facciamo un'inspirazione profonda e con l'espirazione contraiamo i muscoli del pavimento pelvico e dell'addome per sollevare il bacino da terra. Nel contempo pieghiamo anche la gamba sinistra, andando a incrociare tra di loro i piedi.
Con la seguente inspirazione, incliniamo il busto in avanti e stendiamo entrambe le gambe verso destra per completare la posizione degli Otto Angoli – Astavakrasana (figg. 10 e 11).
Manteniamo la posizione per cinque respirazioni; dopodiché inspirando, riportiamo le gambe davanti a noi e ci sediamo.

Ci mettiamo ora con le ginocchia a terra e portiamo le mani a terra davanti a noi, aperte alla distanza delle spalle. Come sempre la mani sono

fig. 10

fig. 11

il nostro punto di forza, quindi assicuriamole bene, separando tra di loro le dita. Immaginiamo di disegnare a terra un triangolo alla cui base ci sono le nostre mani e andiamo ad appoggiare la parte superiore della testa nel punto del vertice superiore.

Importante: Se metti la testa tra le mani e non più avanti, non riuscirai a mantenere l'equilibrio!

Ora stendiamo le gambe e poco per volta spostiamo in avanti i piedi, fino a poterli sollevare da terra. Qui possiamo sollevare le gambe mantenendole dritte, oppure piegare le ginocchia e portare le gambe al petto, prima di stenderle in alto.
Facciamo forza con le mani a terra in modo da non pesare sulla testa. Manteniamo le gambe attive per allineare tutto il corpo. Rientriamo il coccige per far sì che la schiena rimanga dritta (fig. 12).
Se possibile rimaniamo in questa posizione dalle 10 alle 15 respirazioni.
Per uscire dalla posizione, possiamo piegare le ginocchia, riportando le gambe al petto o in alternativa, scendere con le gambe dritte, controllandole con i muscoli addominali.

Modifica: Se sono le prime volte che fai una verticale sulla testa, per darti maggior sicurezza, prova dando le spalle a un muro.

Terminata la posizione, ci portiamo a terra e ci rilassiamo nella posizione del Bambino – Balasana – per permettere al sangue di rifluire normalmente.

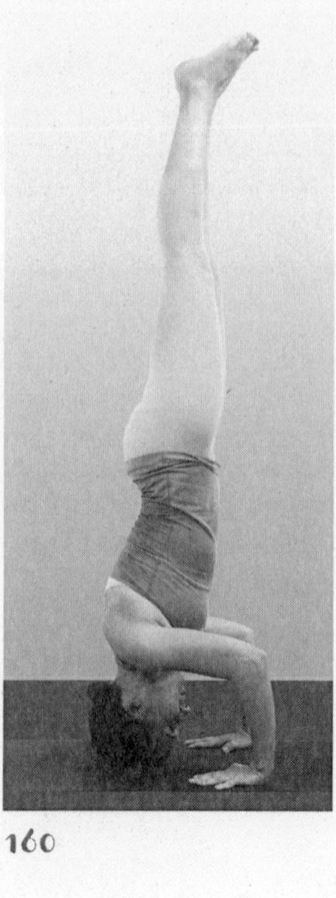

fig. 12

Posizioni di torsione ed equilibrio

Livello: medio
Tempo: 12 min
Focus: tonicità delle gambe, equilibrio e disintossicazione

Unire le posizioni di torsione a quelle di equilibrio è un altro modo per studiare la nostra capacità di concentrazione insieme al controllo dei muscoli addominali più profondi, che in questo caso usiamo sia per mantenere l'equilibrio che per approfondire le torsioni stesse. Lo scopo di questa sequenza (fig. 13) è quindi duplice. Da un lato migliorare la nostra capacità di focalizzarci e mantenere l'equilibrio, dall'altra andiamo a "massaggiare" i reni e gli organi addominali, rafforzando il sistema digestivo e facilitando l'espulsione delle tossine.

Incominciamo questa sequenza nella posizione del Cane a faccia in giù – Adho Mukha Svanasana.

fig. 13

Inspirando, solleviamo leggermente la gamba destra e con l'espirazione facciamo un passo avanti, portando il piede destro tra le mani. Pieghiamo il ginocchio destro a 90° controllando che sia allineato sopra la

caviglia, se non ci arriviamo con un solo passo, ci possiamo aiutare afferrando la caviglia destra con la mano e portandola in posizione.
Il tallone sinistro rimane sollevato da terra e la gamba dietro, che ci aiuterà a mantenere l'equilibrio, è tesa e i quadricipiti sono attivi.
Con la seguente inspirazione, solleviamo entrambe le braccia e il busto. Rilassiamo le spalle, allungando bene collo e braccia. Manteniamo la posizione per cinque respirazioni.
Portiamo poi la mano sinistra sulla gamba destra e la mano destra al fianco. Inspiriamo profondamente, allungando la schiena verso l'alto, ed espiriamo girandoci completamente con il busto verso destra. Quando siamo stabili nella posizione allunghiamo le braccia lateralmente e dirigiamo lo sguardo verso la mano destra. Manteniamo la posizione per cinque respirazioni, cercando di rimanere con il busto al centro, quindi senza sbilanciarci troppo in avanti o indietro.

Importante: Fissa lo sguardo in un punto per mantenere l'equilibrio in questa posizione.

Con la seguente inspirazione, ritorniamo a sollevare le braccia verso l'alto, girando il busto in avanti ed espirando ci fermiamo nella posizione.
Qui portiamo le mani sui fianchi e abbassiamo a terra il tallone sinistro. Stendiamo la gamba destra e facciamo un piccolo passo in avanti, per abbreviare la distanza tra i due piedi.
Con le mani sui fianchi controlliamo che il bacino sia completamente rivolto in avanti ed eventualmente spostiamo leggermente il piede sinistro verso sinistra, per allineare meglio il bacino.
Inspirando, apriamo le braccia lateralmente e allunghiamo la colonna vertebrale verso l'alto. Con l'espirazione, contraiamo i muscoli addominali, creando al nostro interno lo spazio per ruotare il busto verso destra, abbassarci e portare la mano sinistra a terra al di fuori del piede destro.
Solleviamo il braccio destro in alto e rivolgiamo lo sguardo alla mano destra. Manteniamo la posizione del Triangolo Ruotato – Parivrtta Trikonasana – per cinque respirazioni (fig. 14).

Modifica: Se la mano non arriva a terra usa un blocco yoga o un libro per diminuire la distanza.

fig. 14

La posizione del **Triangolo Ruotato – Parivrtta Trikonasana –** è una torsione molto profonda del busto, che parte dal bacino e arriva fino al collo.

I benefici di questa posizione sono:

- allungare i muscoli delle gambe;
- estendere i muscoli della schiena;
- stimolare gli organi interni;
- migliorare la flessibilità di schiena e spalle.

Riportiamo la mano destra a terra e guardiamo verso il piede destro. Incominciamo a spostare le mani in avanti per prepararci a eseguire la posizione della Mezza Luna Ruotata – Parivrtta Ardha Chandrasana.
Solleviamo poco per volta la gamba sinistra, fino a portarla parallela a terra. Mettiamo la mano destra sul fianco destro e lasciamo la mano sinistra a terra. Inspirando allunghiamo la colonna vertebrale, aprendo il petto, e con l'espirazione ruotiamo nuovamente verso destra, sollevando il braccio destro in alto e guardando la mano destra (fig. 15). Manteniamo la posizione per cinque respirazioni.

fig. 15

Importante: Fai forza sulla gamba a terra, stendendola bene, e fai partire la torsione dalla rotazione del bacino.

Al termine delle cinque respirazioni, riportiamo entrambe le mani a terra e la gamba sinistra a terra.
Qui facciamo una sequenza di Vinyasa per riportarci alla posizione del Cane a faccia in giù (fig. 16).

fig. 16

Inspirando stendiamo la schiena, allunghiamo le braccia e guardiamo di fronte a noi; espirando scendiamo nuovamente con il busto. Saltando o facendo due passi indietro ci portiamo nella posizione della Tavola. Ci abbassiamo a terra, mantenendo il corpo allineato. Inspirando ci solleviamo per la posizione del Cobra o del Cane a faccia in su; espirando, stendiamo le braccia e spingendo il busto indietro con le mani ci portiamo alla posizione del Cane a faccia in giù.
Qui ci riposiamo per cinque respirazioni e poi ripetiamo tutta la sequenza con la gamba sinistra.
Ora ci prepariamo per l'ultima posizione della sequenza, la posizione del Mezzo Loto annodato con piegamento in avanti – Ardha Baddha Padmottanasana.
Ci portiamo in piedi nella posizione della Montagna – Tadasana. Mettiamo le mani sui fianchi e spostiamo leggermente il peso del corpo sul piede sinistro. Solleviamo la gamba destra andando ad afferrare la caviglia con la mano e aiutandoci a posizionare il piede sulla gamba sinistra, appena sotto il fianco.
Con la seguente inspirazione, stendiamo il braccio destro verso l'alto, allungando tutta la colonna vertebrale. Con l'espirazione, passiamo il braccio dietro la schiena e andiamo ad afferrare le dita del piede destro con la mano destra.

Modifica: Se non raggiungi il piede con la mano, afferralo con la mano sinistra e prendi il gomito sinistro con la mano destra e rimani in questa posizione senza abbassarti in avanti.

Con la nuova inspirazione, stendiamo il braccio sinistro verso l'alto ed espirando ci incliniamo in avanti, portando la mano sinistra a terra vicino al piede e il viso vicino alle gambe.
Manteniamo la posizione per cinque respirazioni, approfondendola con ogni espirazione.
Con la sesta inspirazione risaliamo, continuando a mantenere la presa del piede destro e sollevando il braccio sinistro in alto.
Una volta in piedi, lasciamo andare la presa e ci prepariamo per eseguire la posizione piegando la gamba sinistra (figg. 17 e 18).

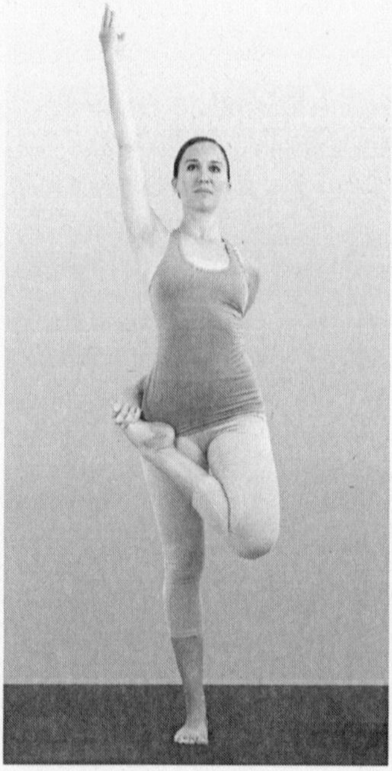

fig. 17

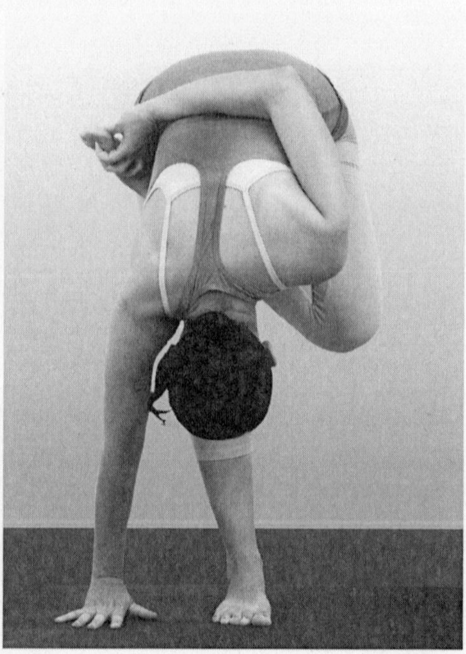

fig. 18

Vinci le tue paure, verticale sulla testa

Livello: medio
Tempo: 5 min
Focus: equilibrio e concentrazione

La verticale sulla testa, chiamata in sanscrito Salamba Sirsasana, è forse il miglior modo per esercitare la propria capacità di equilibrio e di concentrazione, ma c'è di più. Questa posizione, in realtà molto semplice, ha molto a che fare con la fiducia in se stessi. Fare la verticale sulla testa e quindi mettersi in una posizione totalmente inversa rispetto a quella naturale, vuol dire fidarsi delle proprie potenzialità, acquisire sicurezza e superare la paura di cadere.
Questo asana, è una perfetta metafora delle tante sfide che dovremo affrontare nella vita. Eseguire quindi questa posizione ci dà la forza e l'energia per credere in noi stessi e capire che nessun ostacolo è insormontabile, se abbiamo la volontà di superarlo!

Se sono le prime volte che provi la posizione, ti consiglio di dare le spalle a un muro, per avere un supporto di sicurezza. Se il tappetino non è suf-

fig. 19

ficientemente morbido, usa un piccolo asciugamano piegato da mettere sotto la testa.

Ci portiamo con le ginocchia a terra e appoggiamo gli avambracci a terra (fig. 19).
Con le mani afferriamo i gomiti, in modo tale da controllare che non siano più distanti della dimensione dei nostri avambracci. Lasciamo andare la presa e portiamo le mani in avanti, senza spostare i gomiti. Qui andiamo a intrecciare le dita per creare il supporto per la nostra testa.
Ci sono due metodi per farlo. Possiamo intrecciare le dita, ma mantenere i palmi delle mani aperti, sollevando i pollici verso l'alto e andare così a creare un appoggio concavo dove posizionare la parte posteriore della testa.
Il secondo metodo consiste invece nell'intrecciare le dita e avvicinare i palmi finché si toccano, portando all'interno delle mani il mignolo che rimane più in basso per non schiacciarlo. In questo caso la testa si appoggerà nell'angolo creato dai polsi.
La differenza tra i due metodi è principalmente dovuta al tipo di sostegno; nel primo abbiamo un sostegno più ampio per la testa, mentre nel secondo riusciamo a fare più forza con braccia e mani a terra.
Il consiglio è di sperimentare entrambi i metodi e scegliere il più adatto a voi.

Una volta posizionate le mani, andiamo a mettere la parte superiore della testa a terra, appoggiando il retro nell'incavo che abbiamo creato con le mani o con i polsi.
Da qui solleviamo le ginocchia, stendendo le gambe, e iniziamo a fare piccoli passi in avanti.
Quando non possiamo più procedere in avanti iniziamo a sollevare le gambe. Se siamo già sicuri della nostra posizione possiamo sollevare le gambe tenendole stese e alzandole assieme, fino ad arrivare alla verticale.
Se stiamo ancora sperimentando la posizione, incominciamo col piegare una gamba e portarla al petto. Allineando il bacino sopra la testa, solleviamo anche la seconda gamba piegandola e portandola al petto. Con la seguente inspirazione, solleviamo verso l'alto stendendo entrambe le gambe (figg. 20, 21, 22, 23).

Importante: In questa posizione la testa deve essere solo leggermente appoggiata a terra, quindi il vero punto di sostegno sono le braccia.

fig. 20

fig. 21

fig. 22

fig. 23

Una volta sollevate le gambe, riportiamo l'attenzione alle braccia e facciamo forza con avambracci e mani a terra, allungando il collo. Attiviamo anche i muscoli dell'addome, in modo da sostenere e distendere il busto.
Ruotiamo il coccige in dentro, in modo da allungare al meglio la colonna vertebrale (fig. 19).

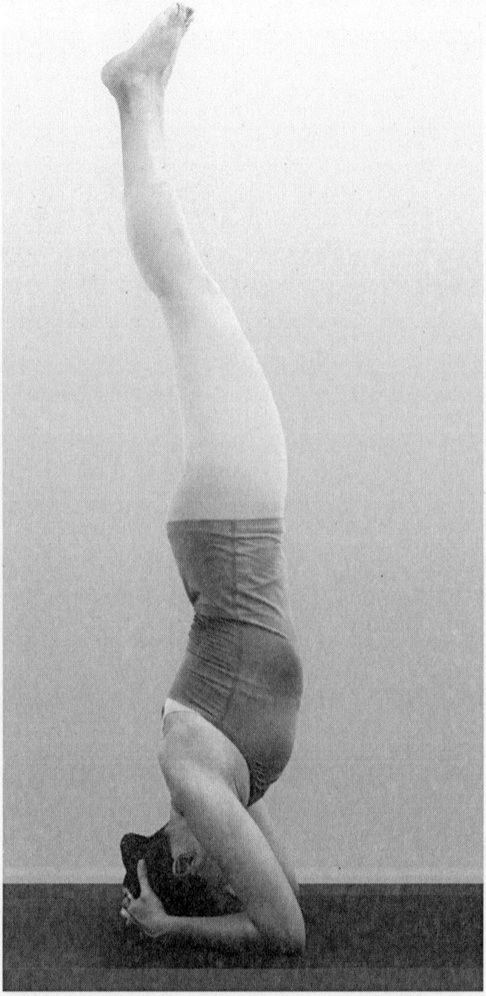

fig. 24

Per iniziare manteniamo la posizione per cinque respirazioni, ma con la pratica cerchiamo di arrivare a 20.
Per uscire dalla posizione abbiamo due alternative.
Possiamo nuovamente piegare le gambe riportandole al petto e con il controllo degli addominali, far scendere i piedi a terra, oppure possiamo scendere tenendo le gambe tese e unite e, prima di riportare i piedi a terra, fermarci in Urdhva Dandasana, con le gambe parallele al pavimento, per cinque respirazioni (fig. 25).

Una volta riportate le gambe a terra ci fermiamo per alcune respirazioni nella posizione del Bambino – Balasana – per riposarci e permettere al sangue di rifluire in modo normale.

fig. 25

Salamba Sirsasana, la verticale sulla testa con supporto è un'inversione perfetta da fare alla fine di ogni pratica di Yoga, come rilassamento prima di sdraiarsi in Savasana.

I benefici di questa posizione sono:

- rinforzare braccia, gambe e schiena;
- tonificare i muscoli addominali;
- aiutare il sistema digestivo;
- calmare.

Sequenze
{Relax}

Elimina lo stress da collo e spalle

Livello: facile
Tempo: 5 min
Focus: estensione dei muscoli di collo e spalle

Il collo e le spalle sono solitamente i punti del corpo nei quali accumuliamo tensione e stress anche se, spesso, non ce ne rendiamo neppure conto. Con il passare del tempo questa situazione si trasforma in una postura abituale, col risultato di mantenere continuamente contratti i muscoli interessati.
Oltre che dallo stress, questa situazione può essere causata da una postura scorretta mantenuta per troppo tempo. L'esempio classico è il dolore al collo e alle spalle dopo ore di lavoro alla scrivania, o dovuto all'uso del mouse.
In questa breve sequenza di posizioni andiamo quindi a distendere i muscoli di collo e schiena e a ridare mobilità all'articolazione delle spalle (fig. 1).

fig. 1

Questi esercizi sono ideali da fare sia la mattina appena svegli, che durante tutta la giornata, quando se ne sente la necessità.

Per l'ultimo esercizio della sequenza potrebbe essere utile l'utilizzo di una cintura yoga o di un asciugamano.

Queste posizioni si possono fare sia su una sedia che seduti a terra. Se siete seduti a terra incrociate le gambe nel modo che vi risulta più semplice, se non riuscite a stare comodi perché le ginocchia restano troppo sollevate, sedetevi su di un asciugamano o una coperta ripiegata.

Stendiamo le braccia ai lati del busto e con un'inspirazione solleviamo verso l'alto il braccio destro, allungando contemporaneamente anche tutta la schiena e allargando il petto. Con l'espirazione pieghiamo il gomito e portiamo la mano destra sopra l'orecchio sinistro. Inspirando nuovamente, torniamo a stendere la schiena ed espirando guidiamo gentilmente la testa verso destra, senta tirare eccessivamente con la mano destra. Rimaniamo qui per cinque respirazioni (fig. 2).

fig. 2

Importante: Lascia cadere il braccio sinistro verso terra in modo da distendere al meglio il lato sinistro del collo.

Dopo cinque respirazioni profonde, inspirando stendiamo verso l'alto il braccio destro ed espirando lo riportiamo a terra.
Ripetiamo la stessa posizione anche da lato sinistro.
Ora con un'inspirazione profonda, solleviamo e stendiamo entrambe le braccia verso l'alto. Portiamo l'attenzione alle spalle e, se le stiamo sollevando, ruotiamole indietro allontanandole dalle orecchie e allungando il collo.
Qui inspirando, guardiamo verso l'alto allungando il più possibile la colonna vertebrale e lasciando spazio ai polmoni per allargarsi. Con l'espirazione, pieghiamo i gomiti e portiamo le mani sulle rispettive scapole.
Inspirando nuovamente, apriamo ancora di più il petto e distanziamo i gomiti tra di loro. Continuando a guardare verso l'alto manteniamo questa posizione per cinque respiri profondi (fig. 3).

fig. 3

Terminate le respirazioni, con la nuova espirazione portiamo il mento al petto e avviciniamo tra di loro i gomiti, senza comunque inarcare la schiena. Inspirando guardiamo verso l'alto e riapriamo lateralmente i gomiti. Facciamo questo movimento per almeno cinque respirazioni.
Al termine delle cinque respirazioni, riportiamo le braccia lungo il corpo.
Mettiamo la mano destra sopra il ginocchio sinistro e la mano sinistra a terra dietro la schiena. Inspirando allunghiamo la schiena verso l'alto ed espirando contraiamo i muscoli addominali e facciamo una torsione verso sinistra, portando lo sguardo oltre la spalla sinistra. Manteniamo la posizione continuando con cinque respirazioni profonde.

Importante: Mantieni sempre la colonna vertebrale distesa durante la torsione, non inarcare la schiena e non lasciar cadere indietro il bacino.

Con un'espirazione ritorniamo al centro. Portiamo ora la mano sinistra sul ginocchio destro e la mano destra dietro la schiena e ripetiamo la torsione girando dal lato destro (fig. 4).

fig. 4

Ritornando al centro, passiamo il braccio destro dietro la schiena e agganciamo le due mani, intrecciando le dita e unendo i palmi. Posizioniamo ne mani sul fianco sinistro.
Inspirando, allunghiamo il collo e tutta la colonna vertebrale. Espirando incliniamo la testa verso sinistra, rimanendo in questa posizione per cinque respirazioni (fig. 5).
Con un'inspirazione torniamo al centro e lasciamo andare le mani. Portiamo il braccio destro dietro la schiena e ripetiamo la stessa sequenza dall'altro lato.

fig. 5

Ora inspirando, solleviamo il braccio destro verso l'alto, come sempre allungando anche tutta la schiena. Pieghiamo il gomito e cerchiamo di portare la mano destra sulla schiena alla base del collo.
Con la mano sinistra afferriamo il gomito destro e gentilmente lo spingiamo per avvicinarlo alla testa. Rimaniamo per alcune respirazioni in questa posizione, senza forzare il braccio.
Poi lasciamo la presa con la mano sinistra, abbassiamo il braccio sinistro e lo portiamo dietro la schiena per andare a prendere la mano destra.

Cerchiamo di allineare il più possibile i gomiti alla colonna vertebrale e facciamo cinque respirazioni (fig. 6).

Modifica: Se le mani non si toccano dietro la schiena, puoi afferrare un asciugamano per stendere comunque i muscoli, oppure puoi tenere la presa con la mano sul gomito.

Lasciamo andare le braccia dopo le cinque respirazioni e ci prepariamo, alzando il braccio sinistro, per fare la stessa posizione anche da questo lato.

fig. 6

Dolce risveglio

Livello: facile
Tempo: 10 min
Focus: sciogliere i muscoli di tutto il corpo

Svegliarsi alla mattina leggermente intorpiditi è più che naturale; siamo rimasti a letto per diverse ore e forse il nostro corpo non è riuscito a liberarsi delle tensioni del giorno precedente. Per trovare l'energia necessaria ad iniziare la giornata dobbiamo distenderci, allungare i muscoli, riattivare la circolazione. Questa sequenza (fig. 7) presenta semplici esercizi per la colonna vertebrale e per le gambe che servono più di un espresso!

Iniziamo la sequenza in piedi nella posizione della Montagna – Tadasana. Le gambe unite e i piedi ben radicati a terra. Ruotiamo leggermente il coccige in avanti, per permettere alla colonna vertebrale di raddrizzarsi. Ruotiamo le spalle indietro, togliendo ogni eventuale tensione.

fig. 7

Fissiamo lo sguardo in un punto e ci concentriamo su questo.

Inspirando, solleviamo le braccia verso l'alto e allo stesso tempo solleviamo anche i talloni, rimanendo sulla punta dei piedi. Espirando, scendiamo e riabbassiamo le braccia.
Ripetiamo questo movimento per altre cinque volte.
Ci riportiamo nella posizione della Montagna. Con una nuova inspirazione, solleviamo il braccio destro steso verso l'alto e allunghiamo tutta la colonna vertebrale. Espirando, ci incliniamo verso sinistra, continuando però a guardare verso l'alto (fig. 8).

Importante: Non chiudere il petto lasciando cadere verso terra la spalla destra, ma mantieni le spalle allineate e il petto aperto.

Manteniamo la posizione per cinque respirazioni e con la nuova inspirazione torniamo al centro. Solleviamo inspirando il braccio sinistro e facciamo la stessa flessione dall'altro lato, mantenendola sempre per cinque respirazioni profonde.

fig. 8

Torniamo nelle posizione della Montagna, pieghiamo le ginocchia e vi appoggiamo sopra le mani.
Inspirando, apriamo il petto dando spazio ai polmoni e guardiamo verso l'alto. Espirando, contraiamo i muscoli addominali come per portare l'ombelico il più vicino alla colonna vertebrale; inarchiamo la schiena e portiamo il mento al petto. Tornando a inspirare, guardiamo di nuovo in alto e ripetiamo questo movimento per cinque volte (figg 9 e 10).

fig. 9

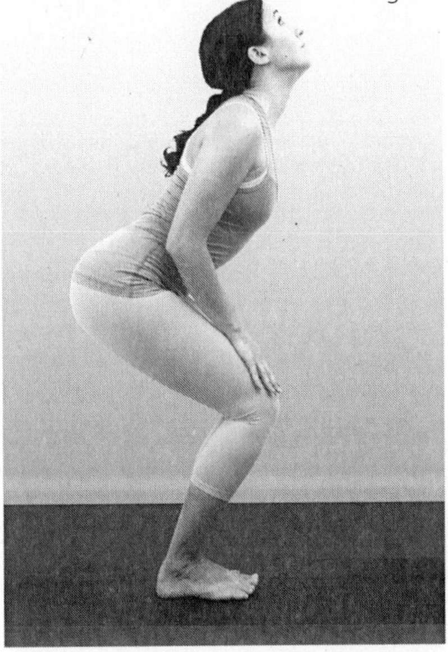

fig. 10

Terminate le ripetizioni, lasciamo scivolare le mani verso terra appoggiandole ai lati dei piedi. Stendiamo il collo e lasciamo cadere la testa per allungare la schiena. Rimaniamo per almeno cinque respirazioni in questa posizione.

Modifica: Se le mani non toccano terra puoi mantenere le ginocchia piegate.

Inspirando portiamo poi la mani sulle gambe, al di sotto delle ginocchia, stiriamo il più possibile la schiena e allunghiamo le gambe. Guardiamo a terra di fronte a noi.

Rimaniamo per alcune respirazioni in questa posizione, sentendo i muscoli di gambe e schiena che si risvegliano e si allungano.
Portiamo poi il peso del corpo sui talloni e stendiamo le braccia in avanti, oltre la nostra testa. Il busto e le braccia sono parallele al pavimento e con il corpo formiamo una specie di numero 7. Rimaniamo per cinque respirazioni in questa posizione (fig 11).

fig. 11

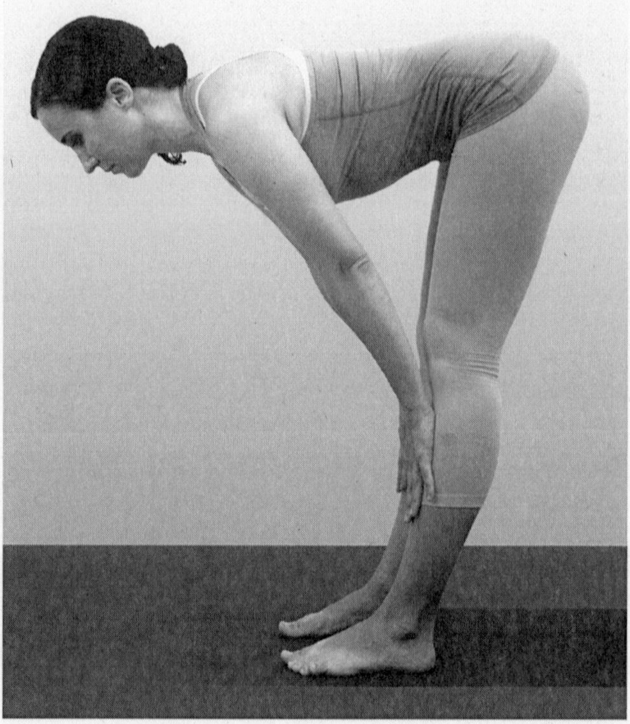

Al termine delle cinque respirazioni, rilasciamo le braccia e portiamo nuovamente le mani a terra.
Qui, piegando le ginocchia, abbassiamo il bacino e solleviamo i talloni come per sederci, ma senza toccare terra. Inspiriamo in questa posizione e con l'espirazione torniamo a stendere le gambe, mantenendo sempre la mani a terra. Quindi inspirando pieghiamo nuovamente le ginocchia e ripetiamo il movimento per altre cinque respirazioni (fig. 12).

fig. 12

Un volta terminate le respirazioni, risaliamo lentamente, srotolando la schiena poco per volta fino a tornare in Tadasana.

Importante: Mantieni il mento al petto risalendo per evitare che ti giri la testa.

Nuovamente nella posizione della Montagna, controlliamo che la nostra schiena sia dritta, i piedi uniti e le spalle rilassate.
Inspirando solleviamo le braccia in alto, andando a unire i palmi delle mani e guardando verso l'alto. Espirando, abbassiamo le braccia, aprendole lateralmente, e portiamo le mani unite di fronte al petto nella mudra della preghiera – Anjali Mudra. Ripetiamo questo movimento per altre cinque volte, concludendo così la sequenza.

Modifica: Sollevando le braccia con l'ispirazione puoi anche inarcare leggermente la schiena all'indietro.

Posizioni calmanti, per concludere la pratica - 1

Livello: facile
Tempo: 12 min
Focus: calmare il battito cardiaco

Ogni momento della pratica prevede un diverso livello di energia. All'inizio prepariamo tranquillamente il corpo con il riscaldamento, poi aumentiamo l'energia con i saluti al sole e approfondiamo lo studio degli Asana, in fine ci riposiamo sdraiandoci a terra nella posizione di Savasana. Le classi di Vinyasa sono generalmente veloci ed energetiche e il momento della conclusione della pratica è particolarmente importante per rallentare il ritmo e concedere al corpo il tempo di rilassarsi e godere, in Savasana, dell'energia creata durante la pratica. In questa sequenza eseguiamo alcune posizioni dove il cuore si troverà sopra la testa, cosa che ci aiuta a calmare il battito cardiaco e a rallentare il ritmo (fig. 13).

fig. 13

Iniziamo sdraiandoci a terra con la schiena al tappeto. Allunghiamo le braccia lungo i lati del corpo con i palmi della mani rivolti al tappeto. Avviciniamo i piedi ai glutei.
Ci prepariamo per fare la posizione della Candela – Salamba Sarvangasana.
Solleviamo i piedi, avvicinando le gambe al petto, e facendo forza sulle braccia e sulle mani solleviamo il bacino verso l'alto.
Appena ci è possibile, mettiamo le mani sulla schiena per sostenerla e continuare a salire con il busto e le gambe.
Avviciniamo il petto al mento e stendiamo le gambe portandole perpendicolari a terra. Continuiamo a sostenere la schiena con le mani. Lo sguardo è diretto o ai nostri piedi o alla punta del naso, non muoviamo il collo lateralmente (fig. 14).
Rimaniamo nella posizione dalle 10 alle 20 respirazioni.

fig. 14

Uscendo dalla posizione della Candela, ci portiamo nella posizione dell'Aratro – Halasana.
Abbassiamo le gambe lentamente, portiamo quindi i piedi a terra dietro la testa, sempre continuando a sostenere la schiena con le mani. Se, con le gambe tese, i piedi toccano terra, lasciamo il sostegno della schiena e allunghiamo le braccia a terra, intrecciando le dita e unendo i palmi delle mani.
Qui rimaniamo per almeno cinque respirazioni profonde (fig. 15).

fig. 15

La posizione dell'**Aratro – Halasana** – è una posizione introspettiva ed estremamente calmante.

I benefici di questa posizione sono:

- estendere i muscoli delle gambe;
- allungare i muscoli di collo e schiena;
- calmare.

Per uscire dalla posizione, stendiamo le braccia mettendo i palmi delle mani a terra. Pieghiamo le ginocchia e, attivando gli addominali, riportiamo il busto a terra molto lentamente.

Una volta al tappeto, stendiamo, una dopo l'altra, le gambe e qui rimaniamo per alcune respirazioni.
Poi pieghiamo entrambe le ginocchia, portiamo le gambe al petto e le circondiamo con entrambe le braccia.
Inspiriamo profondamente ed espirando portiamo la fronte tra le ginocchia. Qui rimaniamo per alcune respirazioni, dondolandoci dolcemente a destra e sinistra (fig. 16).

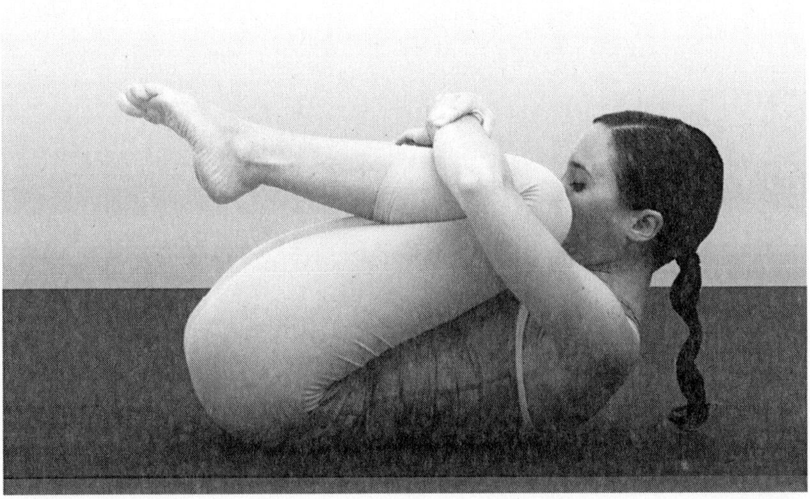

fig. 16

Riportiamo poi la testa a terra e apriamo lateralmente le braccia. Poggiamo i piedi a terra, aperti alla distanza dei fianchi. Con un'espirazione, accompagnamo le ginocchia verso sinistra e giriamo la testa verso destra. Rimaniamo in questa torsione per almeno cinque respirazioni, cercando di mantenere entrambe le spalle a contatto con il tappeto.
Inspirando, riportiamo poi le ginocchia al centro ed espirando le abbassiamo verso destra, girando la testa dal lato opposto. Anche qui rimaniamo per almeno cinque respirazioni.

Inspirando, riportiamo le ginocchia al centro e stendiamo una per volta le gambe sul tappeto. Portiamo le braccia lungo il corpo, con i

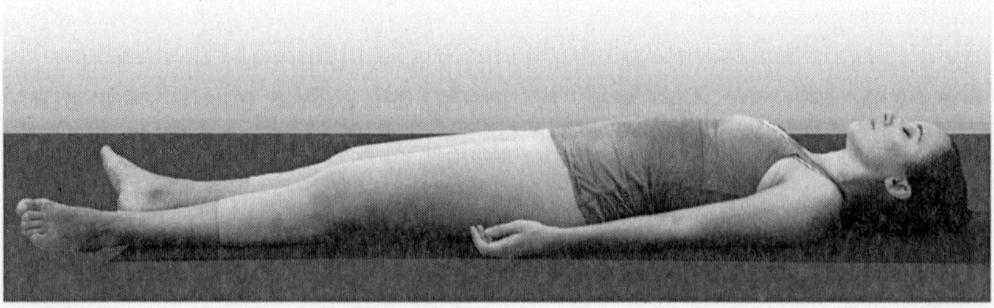

fig. 17

palmi rivolti verso l'alto. Lasciamo cadere i piedi lateralmente. Chiudiamo gli occhi. Ci rilassiamo in Savasana, la posizione del Cadavere (fig. 17).

La posizione del **Cadavere – Savasana –** è quella con cui si conclude ogni pratica. Grazie ad essa calmiamo il corpo e gli diamo il tempo per assimilare l'energia della pratica. Savasana è comunque una posizione, quindi dobbiamo continuare il processo di unione tra il nostro corpo e la nostra mente, evitando che quest'ultima inizi a divagare.

I benefici di questa posizione sono:

- calmare il corpo e la mente;
- ridurre la fatica.

Posizioni calmanti, per concludere la pratica - 2

Livello: medio/avanzato
Tempo: 12 min
Focus: calmare il battito cardiaco

Anche in questa sequenza come nella precedente, vediamo delle posizioni per rallentare il ritmo e concludere tranquillamente la pratica. Le posizioni proposte sono alternative a quelle della sequenza precedente, ma sono più complesse e quindi consigliate a un livello di pratica più avanzato (fig. 18).

fig. 18

Ci sdraiamo a terra e ci prepariamo per eseguire la posizione del Ponte – Setu Bandha Sarvangasana.
Appoggiamo i piedi a terra e li distanziamo alla larghezza dei fianchi. Avviciniamo i talloni ai glutei il più possibile. Ruotiamo leggermente il coccige verso l'alto, in modo da appiattire la schiena a terra.
Stendiamo le braccia a terra ai lati del corpo, con i palmi delle mani rivolti verso il basso.

Espirando profondamente, facciamo forza con i piedi e con le mani sul tappeto e solleviamo il bacino verso l'alto. Facciamo attenzione a mantenere i piedi e la gambe paralleli tra di loro.

Modifica: Puoi mettere tra le gambe un blocco yoga o una coperta piegata per assicurarti di mantenere le gambe parallele e non aprile lateralmente.

Continuando a respirare, cerchiamo di portare le cosce parallele a terra e avviciniamo lo sterno al mento. Manteniamo la posizione per almeno altre cinque respirazioni.

Importante: Il mento deve rimanere rivolto verso l'alto ed è il petto a doversi avvicinare.

Espirando riportiamo il bacino a terra e ci prepariamo per eseguire nuovamente la posizione. Questa volta, invece di lasciare le mani a terra, intrecciamo le dita, uniamo i palmi e stendiamo le braccia. Tenendo le braccia in questo modo andiamo ad aprire ancora di più il petto, approfondendo la posizione (fig. 19).
Dopo cinque respirazioni, ritorniamo con il bacino a terra e dopo alcune respirazioni, eseguiamo per la terza volta la posizione, sempre con le mani intrecciate.

fig. 19

La posizione del **Ponte – Setu Bandha Sarvangasana –** è una posizione di rilassamento, nella quale continuiamo ancora a lavorare, in particolare con i muscoli di gambe e glutei, e ad aprire ed estendere la parte frontale del corpo.

I benefici di questa posizione sono:

- tonificare gambe e glutei;
- estendere la parte frontale del corpo;
- migliorare la mobilità delle spalle;
- allungare i muscoli di collo e schiena;
- calmare.

Dopo la terza ripetizione, riportiamo il bacino a terra e ci prepariamo per la posizione della Candela – Salamba Sarvangasana.
Lasciamo le braccia a terra lungo il corpo con i palmi delle mani rivolti verso il basso. Solleviamo i piedi, avvicinando le gambe al petto, e facendo forza sulle braccia e sulle mani solleviamo il bacino verso l'alto. Appena ci è possibile, mettiamo le mani sulla schiena per sostenerla e continuare a salire con il busto e le gambe.
Avviciniamo il petto al mento e stendiamo le gambe portandole perpendicolari a terra. Continuiamo a sostenere la schiena con le nostre mani (fig. 20). Rimaniamo nelle posizione dalle 10 alle 20 respirazioni.

La posizione della **Candela con sostegno – Salamba Sarvangasana –** è sicuramente una delle posizioni più rilassanti, un'inversione adatta a tutti i livelli di studio, che è possibile fare sempre alla fine della pratica.

I benefici di questa posizione sono:

- allungare i muscoli del collo e delle spalle;
- rinforzare gambe e glutei;
- riattivare la circolazione delle gambe;
- calmare.

Dalla posizione della Candela passiamo ora alla posizione dell'Aratro – Halasana.

fig. 20

Sempre sostenendo la schiena con le mani, iniziamo ad abbassare le gambe per portarle a terra dietro la nostra testa. Cerchiamo di mantenere il busto perpendicolare a terra e le gambe stese e unite.
Se i piedi toccano terra, possiamo lasciare il sostegno della schiena e tornare a intrecciare le dita delle mani e a stendere le braccia. Se invece i piedi rimangono sollevati da terra, continuiamo a sostenere la schiena con le mani (fig. 21).
Rimaniamo nella posizione per cinque respirazioni profonde.

Da qui riportiamo le mani come sostegno dietro la schiena e ci solleviamo nuovamente nella posizione della Candela.
Portiamo le gambe nella posizione del Loto. Pieghiamo prima la gamba destra, portando il piede sulla coscia sinistra, e poi il piede si-

fig. 21

nistro sulla gamba destra. Abbassiamo le gambe in modo che siano parallele a terra. Per ultimo spostiamo le braccia andando a mettere le mani sulle ginocchia e qui ci fermiamo per cinque respirazioni nella posizione del Loto verso l'alto – Urdhva Padmasana.

Lasciamo le ginocchia e riportiamo le braccia a terra con i palmi rivolti verso il basso. Inarchiamo maggiormente la schiena, avvicinando le gambe al viso e, attivando bene gli addominali, riportiamo le gambe a terra, sempre mantenendole nella posizione del Loto.
Con l'indice e il medio afferriamo gli alluci. Inspirando solleviamo il petto, inarcandolo, e portiamo la sommità della testa al tappeto (figg. 22 e 23).

fig. 22

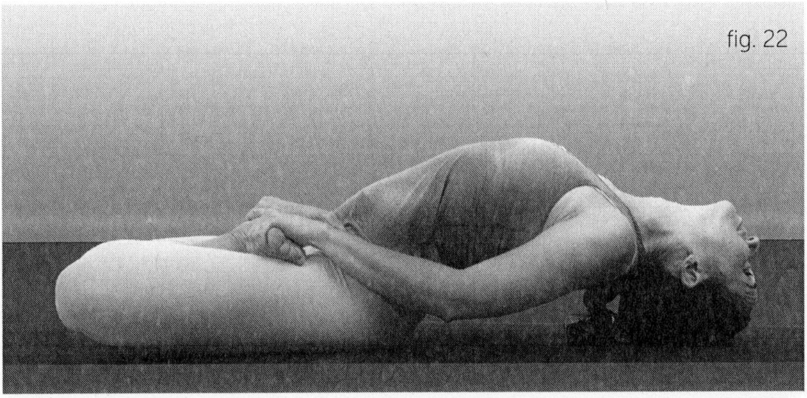

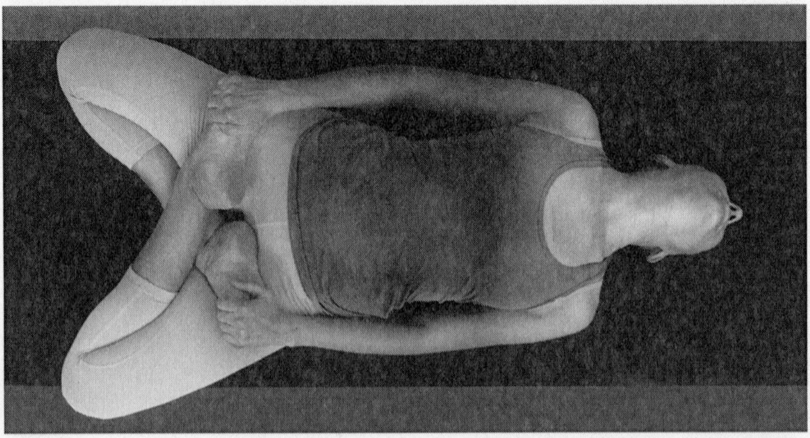

fig. 23

Manteniamo la posizione del Pesce – Matsyasana – per cinque respirazioni, dopodiché sciogliamo la posizione delle gambe e le stendiamo, assieme alle braccia, davanti a noi inclinate a 45°. Manteniamo la posizione per cinque respirazioni e poi ci sdraiamo a terra.

Siamo pronti ora per l'ultima posizione Savasana – la posizione del Cadavere.
Stendiamo le braccia lungo il corpo, con i palmi delle mani rivolti verso l'alto. Le gambe sono distese e lasciamo cadere lateralmente i piedi. Chiudiamo gli occhi.
Rimaniamo con la mente nella posizione, ascoltando la piacevole sensazione di rilassatezza del corpo.

Yoga della buonanotte

Livello: facile
Tempo: 10 min
Focus: relax

Può capitare spesso di arrivare a sera troppo agitati per dormire o a volte perfino troppo stanchi per abbandonarci al sonno. Alcune semplici posizioni Yoga ci possono aiutare a eliminare lo stress, calmando la mente, e a rilassare il corpo, calmando i battiti del cuore.
Le posizioni di questa sequenza possono essere fatte a terra o anche direttamente a letto (fig. 24).

fig. 24

Ci sdraiamo comodamente, con la schiena a terra. Allunghiamo le braccia oltre la testa estendendole.
Inspirando, solleviamo le punte dei piedi portandole verso di noi, fino a sollevare i talloni, e con l'espirazione puntiamo i piedi verso il basso. Respiriamo profondamente e ripetiamo questo movimento per almeno 10 volte. Cerchiamo di mantenere la consapevolezza nella respirazione (fig. 25).

fig. 25

Terminate le 10 respirazioni, pieghiamo la gamba destra, portandola al petto. Passiamo le braccia intorno al ginocchio destro e dolcemente continuiamo a muovere la gamba verso il petto. Rimaniamo per cinque respirazioni profonde e poi cambiamo gamba (fig. 26).

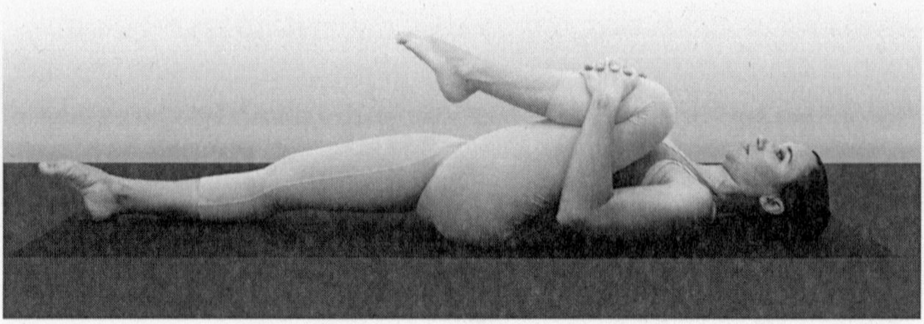

fig. 26

Qui pieghiamo entrambe le gambe, portandole al petto, e le afferriamo con le braccia. Con un'espirazione, portiamo la fronte tra le ginocchia e cominciamo a dondolarci leggermente a destra e a sinistra (fig. 27).

Rimaniamo per alcune respirazioni in questa posizione, poi lasciamo la presa delle braccia e le portiamo a terra. Riabbassiamo anche la testa e stendiamo le gambe verso l'alto. Per fare questa posizione possiamo anche avvicinarci a un muro, per poter appoggiare le gambe (fig. 28).

Modifica: Se vuoi puoi anche mettere un blocco yoga o una coperta piegata sotto il bacino, è estremamente rilassante!

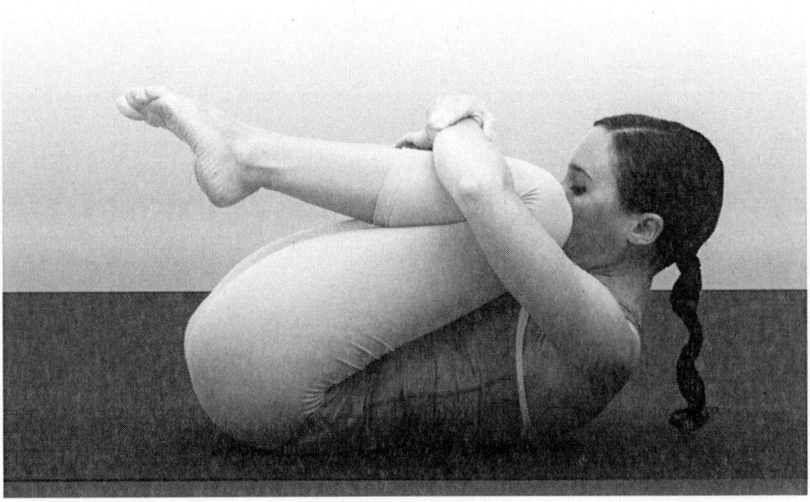

fig. 27

fig. 28

Da qui, portiamo i piedi a terra e allarghiamo lateralmente le braccia. Lasciamo cadere le ginocchia verso destra e rivolgiamo lo sguardo verso sinistra. Rimaniamo qui per almeno cinque respirazioni.
Riportiamo le gambe al centro con un'inspirazione e le abbassiamo a sinistra, rivolgendo lo sguardo dal lato opposto per altre cinque respirazioni (fig. 29).

fig. 29

Riportiamo poi le gambe al centro e i piedi a terra. Apriamo lateralmente le gambe e uniamo le piante dei piedi, portandoci in Supta Baddha Konasana. Se le ginocchia non toccano terra naturalmente, non forziamo la posizione, ma possiamo mettere un coperta piegata per sostenerle.
Possiamo lasciare le braccia aperte lateralmente, oppure piegare i gomiti, portando le braccia in una posizione simile a quella delle gambe. In questa posizione possiamo rimanere fino a 10 min (fig. 30).

Modifica: Per rendere più confortevole la posizione puoi mettere anche una coperta piegata sotto la schiena e una sotto la testa.

fig. 30

Pausa yoga in ufficio

Livello: facile
Tempo: 5 min
Focus: mobilità della schiena

Le tante ore che passiamo seduti, magari tenendo una posizione scorretta, possono limitare la mobilità della schiena e portare dolori e fastidi. Prendersi un bravissima pausa per alcuni semplici esercizi, ci può aiutare a evitare tutto questo.
Lo scopo di questa sequenza è ridare mobilità alla colonna vertebrale e distendere i muscoli di schiena e collo (fig. 31).

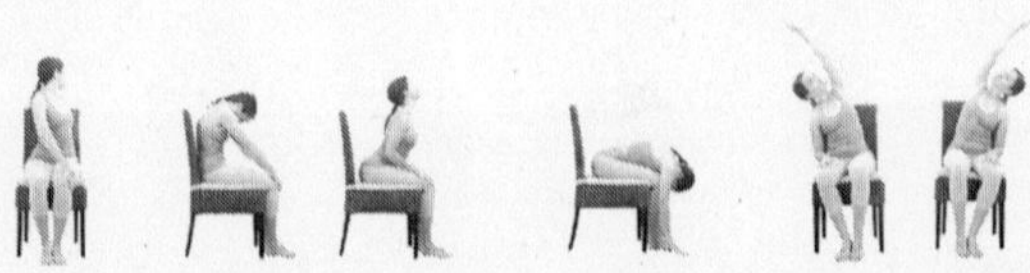

fig. 31

Tutte le posizioni di questa sequenza sono pensate per essere eseguite su una sedia.
Iniziamo facendo una torsione con il busto. Stendiamo la schiena, allungando la colonna vertebrale verso l'alto e sollevando la cassa toracica. Ruotiamo le spalle in alto e poi indietro, per rilassarle ed allentare la tensione dei muscoli.
Portiamo ora la mano destra sul ginocchio sinistro e la mano sinistra

sulla parte esterna della seduta. Inspirando profondamente, stendiamo la schiena e con l'espirazione facciamo una torsione girandoci verso sinistra. Portiamo lo sguardo dietro di noi, oltre la spalla sinistra. Contraiamo bene gli addominali e approfondiamo la posizione a ogni espirazione (fig. 32). Rimaniamo nella posizione per cinque respirazioni.

Importante: Mantieni sempre la schiena dritta durante le torsioni.

Al termine delle cinque respirazioni, torniamo al centro e, portando la mano sinistra sul ginocchio destro, ripetiamo la torsione dall'altro lato.

fig. 32

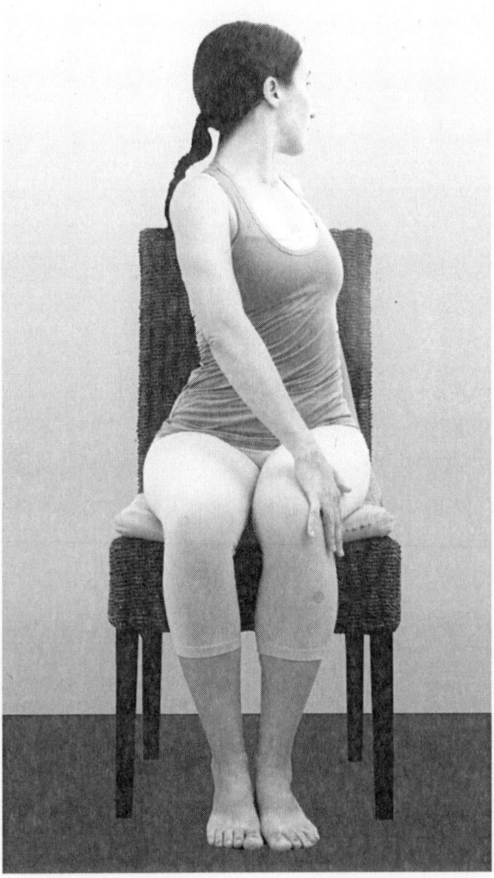

Ritornando al centro portiamo le mani sopra le ginocchia. Con l'inspirazione guardiamo verso l'alto, portando il petto in avanti e in alto. Espirando, portiamo il mento al petto, inarchiamo la schiena e contraiamo gli addominali, come per avvicinare l'ombelico alla spina dorsale. Ripetiamo questo movimento per cinque volte (fig. 33).

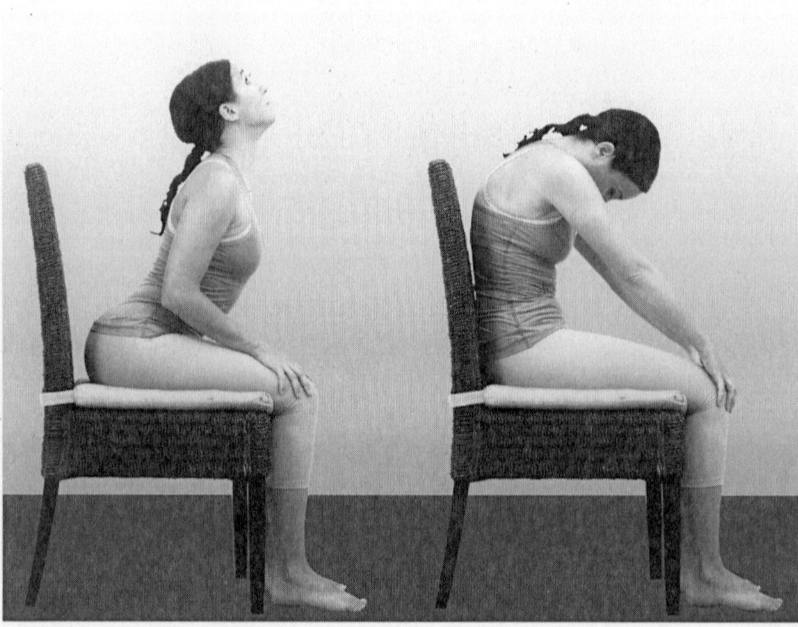

fig. 33

Ora inspirando, solleviamo entrambe le braccia verso l'alto e con l'espirazione portiamo il busto sulle gambe e lasciamo cadere a terra le braccia. Cerchiamo di stendere il più possibile la schiena e lasciamo cadere la testa, per far sì che anche il collo si possa allungare (fig. 34). Dopo aver fatto almeno cinque respirazioni in questa posizione, risaliamo lentamente con il busto.

Ci prepariamo per fare una flessione laterale, appoggiando la mano sinistra sul lato della sedia e sollevando il braccio destro in alto.
Inspirando allunghiamo la parte laterale destra del busto verso l'alto ed espirando ci incliniamo a sinistra, rimanendo per cinque respirazioni. Qui rivolgiamo lo sguardo verso l'alto e cerchiamo di mantenere il petto aperto, senza quindi lasciar cadere la spalla destra verso terra

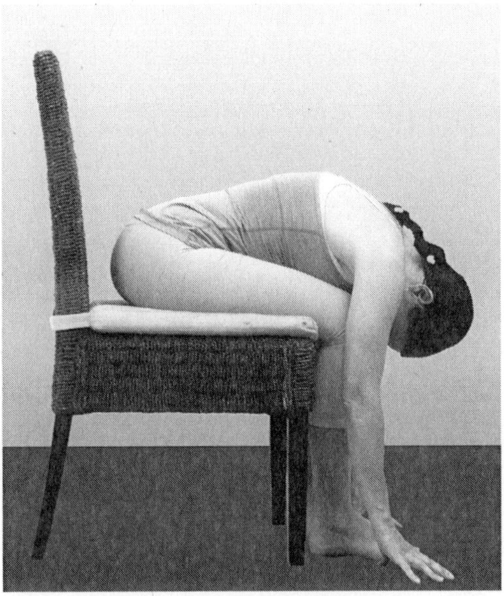

fig. 34

(fig. 35). Con un'inspirazione ritorniamo al centro e abbassiamo il braccio destro. Solleviamo il braccio sinistro e ripetiamo la posizione da questo lato, concludendo la sequenza.

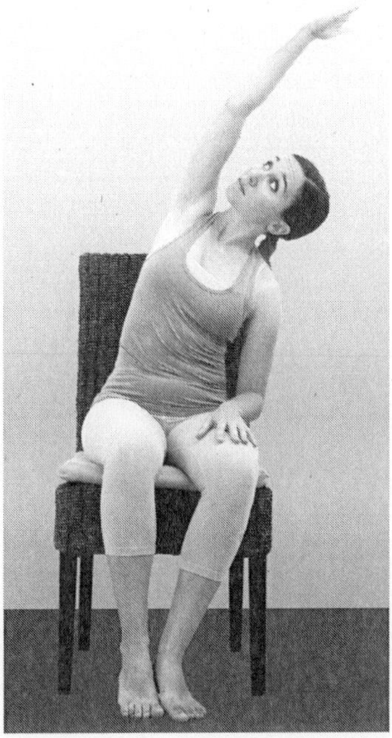

fig. 35

Lezioni {complete}

Flessibilità e postura

Livello: facile/medio
Tempo: 60 min

Iniziamo preparando il nostro corpo con il riscaldamento a terra (fig. 1).

fig. 1

Passiamo alla parte più dinamica del riscaldamento, eseguendo 3 ripetizioni del Saluto al Sole A (fig. 2).

fig. 2

Seguite da 3 ripetizioni del Saluto al Sole B (fig. 3).

fig. 3

Continuiamo estendendo poco per volta i muscoli delle gambe (fig. 4).

fig. 4

Passiamo poi alla parte alta del corpo (fig. 5).

fig. 5

Da qui ci sdraiamo a terra e proseguiamo con posizioni più profonde per migliorare la flessibilità della schiena (fig. 6).

fig. 6

Terminiamo con alcune posizioni che ci permettano di estendere maggiormente i muscoli delle gambe (fig. 7).

fig. 7

Rallentiamo il ritmo e ci rilassiamo con le ultime posizioni, rimanendo in Savasana per almeno 5 minuti (fig. 8).

fig. 8

Tutto il corpo

Livello: medio/avanzato
Tempo: 75 min

Iniziamo preparando il nostro corpo con il riscaldamento a terra (fig. 9).

fig. 9

Passiamo alla parte più dinamica del riscaldamento, eseguendo 5 ripetizioni del Saluto al Sole A (fig. 10)

fig. 10

Seguite da 5 ripetizioni del Saluto al Sole B (fig. 11).

fig. 11

Proseguiamo con un sequenza di posizioni tonificanti per i muscoli di gambe, addome e braccia (fig. 12).

fig. 12

Continuiamo con una sequenza di posizioni di torsione (fig. 13).

fig. 13

Iniziamo a rallentare il ritmo della pratica, con delle posizioni di estensione per i muscoli delle gambe (fig. 14).

fig. 14

A terra, eseguiamo tre posizioni di forza ed equilibrio sulle mani (fig. 15).

fig. 15

Concludiamo con le posizioni calmanti e Savasana (fig. 16).

fig. 16

Risveglio al mattino

Livello: facile
Tempo: 20 min

Iniziamo con delle posizioni semplici per svegliare dolcemente il nostro corpo (fig. 17).

fig. 17

Continuiamo eseguendo 3 Saluti al Sole A (fig. 18).

fig. 18

Seguiti da 2 Saluti al Sole B (fig. 19).

fig. 19

Riattiviamo il nostro corpo e il sistema digestivo con alcune posizioni di torsione (fig. 20).

fig. 20

E terminiamo sdraiandoci per cinque minuti in Savasana.

Poco tempo, molta energia

Livello: facile
Tempo: 25 min

Iniziamo riscaldando con cura i nostri muscoli (fig. 21).

fig. 21

Continuiamo eseguendo 3 Saluti al Sole A (fig. 22).

fig. 22

Seguiti da 3 Saluti al Sole B (fig. 23).

fig. 23

Proseguiamo con delle posizioni per gli addominali (fig. 24).

fig. 24

Terminiamo rilassandoci in Savasana per cinque minuti.

Posizione del Loto

Livello: medio/avanzato
Tempo: 60 min

Iniziamo preparando il nostro corpo con il riscaldamento a terra (fig. 25).

fig. 25

Passiamo alla parte più dinamica del riscaldamento, eseguendo 5 ripetizioni del Saluto al Sole A (fig. 26).

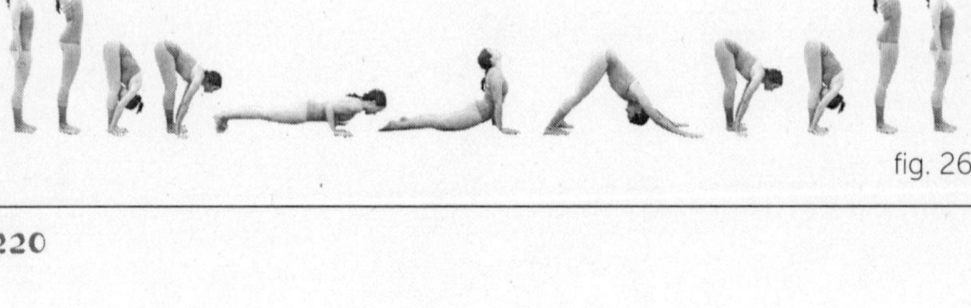

fig. 26

Seguite da 5 ripetizioni del Saluto al Sole B (fig. 27).

fig. 27

Iniziamo a lavorare sui muscoli delle gambe con la prima sequenza di posizioni (fig. 28).

fig. 28

Continuiamo con una sequenza di posizioni di stretching profondo per le gambe (fig. 29).

fig. 29

Con la seguente sequenza andiamo invece a estendere i muscoli del bacino e dell'interno coscia (fig. 30).

fig. 30

Approfondiamo le posizioni a terra, fino ad arrivare a Padmasana, la posizione del Loto (fig. 31).

fig. 31

Terminiamo allungando bene le gambe, con profonde posizioni di stretching (fig. 32).

fig. 32

Terminiamo con le posizioni rilassanti e Savasana (fig. 33).

fig. 33

Tutto il corpo - facile

Livello: facile
Tempo: 60 min

Iniziamo preparando il nostro corpo con il riscaldamento a terra (fig. 34).

fig. 34

Passiamo alla parte più dinamica del riscaldamento, eseguendo 3 ripetizioni del Saluto al Sole A (fig. 35).

fig. 35

Seguite da 3 ripetizioni del Saluto al Sole B (fig. 36).

fig. 36

Proseguiamo con una sequenza di posizioni tonificanti per i muscoli di gambe, addome e braccia (fig. 37).

fig. 37

Continuiamo con una sequenza di posizioni con focus su gambe e glutei (fig. 38).

fig. 38

Terminiamo con delle posizioni calmanti e rilassandoci in Savasana per almeno 5 minuti (fig. 39).

fig. 39

Gambe e fianchi

Livello: facile
Tempo: 75 min

Iniziamo preparando il nostro corpo con il riscaldamento a terra (fig. 40).

fig. 40

Passiamo alla parte più dinamica del riscaldamento, eseguendo 5 ripetizioni del Saluto al Sole A (fig. 41).

fig. 41

Seguite da 3 ripetizioni del Saluto al Sole B (fig. 42).

fig. 42

Continuiamo con una sequenza di posizioni per tonificare le gambe (fig. 43).

fig. 43

Lavoriamo ora sui muscoli del bacino e dell'interno coscia (fig. 44).

fig. 44

Allunghiamo i muscoli delle gambe con delle posizioni di stretching (fig. 45).

fig. 45

Terminiamo a terra con la sequenza di posizioni rilassanti e Savasana (fig. 46).

fig. 46

Addominali e gambe

Livello: facile/ medio
Tempo: 60 min

Iniziamo preparando il corpo con il riscaldamento a terra (fig. 47).

fig. 47

Passiamo alla parte più dinamica del riscaldamento, eseguendo 5 ripetizioni del Saluto al Sole A (fig. 48).

fig. 48

Seguite da 5 ripetizioni del Saluto al Sole B (fig. 49).

fig. 49

Continuiamo con una sequenza di posizioni incentrate sugli addominali (fig. 50).

fig. 50

Spostiamo poi il focus sulle gambe con questa serie di posizioni (fig. 51).

fig. 51

Rallentiamo il ritmo della pratica con un sequenza di posizioni di equilibrio sulle gambe (fig. 52).

fig. 52

Terminiamo rilassandoci a terra con le ultime posizioni e Savasana (fig. 53).

fig. 53

Indice degli Asana/posizioni

Glossario dei termini più comuni

Adho: in basso
Anga: arto o parte del corpo
Angustha: alluce
Ardha: metà
Asana: posizione
Asta: otto

Baddha: legato

Chakra: centro energetico, letteralmente 'ruota' o 'cerchio'
Chandra: Luna
Chatur: quattro

Danda: bastone
Dhanu: arco
Drishti: vista, sguardo

Eka: uno

Garuda: aquila
Go: mucca

Hala: aratro
Hasta: mano

Janu: ginocchio

Kona: angolo
Kapota: piccione

Mukha: faccia
Matsya: pesce

Namaskar: saluto

Pada: piede o gamba
Padma: loto
Paripurna: completo
Parivrtta: invertito
Parsva: lato, fianco
Paschima: parte posteriore del corpo
Prasarita: esteso, allungato
Purva: parte frontale del corpo

Salamba: con sostegno
San: sei
Setu: ponte
Sirsa: testa/fronte
Svana: cane
Surya: Sole

Tada: montagna
Tri: tre
Trikona: triangolo

Urdhva: in alto
Ustra: cammello
Uttana: intensa estensione
Utthita: esteso

Vasistha: famoso saggio
Viparita: inverso
Vira: eroe

Yoga: unione
Yogi / Yogini: colui o colei che pratica Yoga

Indice

A tutti gli Yogi e le Yogini
che hanno voluto condividere con me
una parte della loro strada

e in particolare a
Natascia per avermi aperto la porta a una nuova avventura
Neilyn per le meravigliose foto
Sandro per i consigli e l'allineamento perfetto
Simona per la prima lettura
e a Max per quella volta in cui mi disse:
"E se andassimo a fare yoga oggi?"

a tutti voi
Namastè

Stampa
Print on Web s.r.l.
Via Napoli 85 – 03036 Isola del Liri (Fr)
per conto di Lit Edizioni Srl
Largo Giacomo Matteotti 1
Castel Gandolfo (Rm)